和谐校园文化建设读本

校长实用手册

潘国庆 / 编著

吉林教育出版社

图书在版编目(CIP)数据

校长实用手册 / 潘国庆编著. — 长春：吉林教育出版社，2012.6（2022.10重印）
（和谐校园文化建设读本）
ISBN 978-7-5383-8818-3

Ⅰ.①校… Ⅱ.①潘… Ⅲ.①校长－学校管理－手册 Ⅳ.①G471.2-62

中国版本图书馆 CIP 数据核字（2012）第 116098 号

校长实用手册

XIAOZHANG SHIYONG SHOUCE

潘国庆　编著

策划编辑	刘　军　　潘宏竹				
责任编辑	张　瑜		装帧设计	王洪义	

出版　吉林教育出版社（长春市同志街 1991 号　邮编 130021）
发行　吉林教育出版社
印刷　北京一鑫印务有限责任公司
开本　710 毫米×1000 毫米　1/16　　印张　12　　字数　152 千字
版次　2012 年 6 月第 1 版　　印次　2022 年 10 月第 3 次印刷
书号　ISBN 978-7-5383-8818-3
定价　39.80 元

吉教图书　　版权所有　　盗版必究

编 委 会

主　　编：王世斌

执行主编：王保华

编委会成员：尹英俊　尹曾花　付晓霞
　　　　　　刘　军　刘桂琴　刘　静
　　　　　　张　瑜　庞　博　姜　磊
　　　　　　潘宏竹
　　　　　　（按姓氏笔画排序）

总 序

千秋基业，教育为本；源浚流畅，本固枝荣。

什么是校园文化？所谓"文化"是人类所创造的精神财富的总和，如文学、艺术、教育、科学等。而"校园文化"是人类所创造的一切精神财富在校园中的集中体现。"和谐校园文化建设"，贵在和谐，重在建设。

建设和谐的校园文化，就是要改变僵化死板的教学模式，要引导学生走出教室，走进自然，了解社会，感悟人生，逐步读懂人生、自然、社会这三本大书。

深化教育改革，加快教育发展，构建和谐校园文化，"路漫漫其修远兮"，奋斗正未有穷期。和谐校园文化建设的研究课题重大，意义重要，内涵丰富，是教育工作的一个永恒主题。和谐校园文化建设的实施方向正确，重点突出，是教育思想的根本转变和教育运行机制的全面更新。

我们出版的这套《和谐校园文化建设读本》，既有理论上的阐释，又有实践中的总结；既有学科领域的有益探索，又有教学管理方面的经验提炼；既有声情并茂的童年感悟；又有惟妙惟肖的机智幽默；既有古代哲人的至理名言，又有现代大师的谆谆教诲；既有自然科学各个领域的有趣知识；又有社会科学各个方面的启迪与感悟。笔触所及，涵盖了家庭教育、学校教育和社会教育的各个侧面以及教育教学工作的各个环节，全书立意深邃，观念新异，内容翔实，切合实际。

我们深信：广大中小学师生经过不平凡的奋斗历程，必将沐浴着时代的春风，吸吮着改革的甘露，认真地总结过去，正确地审视现在，科学地规划未来，以崭新的姿态向和谐校园文化建设的更高目标迈进。

让和谐校园文化之花灿然怒放！

本书编委会

目 录

第一章 校长的素质与修养

第一节 校长的必备素质

献身教育的理想追求 …………………………… 001
敏锐缜密的立体思维 …………………………… 002
博中有精的知识结构 …………………………… 004
见贤思齐的性格特征 …………………………… 007
与时俱进的创造个性 …………………………… 008
统领全局的管理才能 …………………………… 011
注重务实的工作作风 …………………………… 013
严于律己的自我意识 …………………………… 015

第二节 校长的综合修养

(一)政治修养 …………………………………… 017
忠诚于人民教育事业 …………………………… 017
较高的理论政策水平 …………………………… 019
坚持正确的办学方向 …………………………… 020
有步骤地进行教学改革 ………………………… 022
(二)学识修养 …………………………………… 025
1.教育知识 ……………………………………… 025
教育学 …………………………………………… 025
心理学 …………………………………………… 026
人才学 …………………………………………… 026
现代教育科学体系 ……………………………… 027
现代管理理论 …………………………………… 029

现代教学理论 ·· 029
2.业务技能 ··· 030
了解各学科的基本知识和要求 ······················ 030
能够精通一两门主要学科 ···························· 031
善于做思想政治工作 ·································· 031
懂得教学规律和方法 ·································· 032
善于组织教改实验 ····································· 034
3.知识更新 ··· 035
掌握国内外教育、教学动态 ························· 035
善于接受并运用新的信息 ···························· 036
关注新的理论和科技成果 ···························· 037
经常研究新的社会变动在学校的影响和反映 ····· 038
注意人才预测 ··· 039
4.实践方法 ··· 039
领导方法 ··· 039
管理方法 ··· 041
思想工作方法 ··· 043
教学方法 ··· 044
统计方法 ··· 045
实验方法 ··· 046
(三)能力修养 ··· 047
筹划决策能力 ··· 047
系统管理能力 ··· 049
思想工作能力 ··· 050
教学指挥能力 ··· 051
活动组织能力 ··· 052
探索改革能力 ··· 053
(四)作风修养 ··· 054

深入实际,把握全面情况 …………………………………… 054
注重效率,善于打开局面 …………………………………… 056
协调关系,调动方方面面的积极性 ………………………… 057
依靠群众,实行民主管理 …………………………………… 058
多干实事,努力为群众服务 ………………………………… 059
抓好典型,搞好跟踪实验 …………………………………… 060
(五)品格修养 ……………………………………………… 061
正派无私,工作第一 ………………………………………… 061
为人师表,严于律己 ………………………………………… 061
意志坚定,充满生气 ………………………………………… 062
襟怀开阔,不存芥蒂 ………………………………………… 063
埋头苦干,谨慎谦虚 ………………………………………… 063
心地热诚,急人所急 ………………………………………… 064

第二章 校长的工作须知

第一节 基本经验12条

1. 集中精力,控制全局 …………………………………… 065
2. 指令明确,决断及时 …………………………………… 069
3. 把握契机,因势利导 …………………………………… 073
4. 巧借东风,推波助澜 …………………………………… 076
5. 抓好典型,树立目标 …………………………………… 078
6. 精减会议,提高效率 …………………………………… 081
7. 深入其中,超脱其上 …………………………………… 084
8. 发扬民主,集思广益 …………………………………… 087
9. 看其主流,用其所长 …………………………………… 089
10. 疑而不用,用则不疑 ………………………………… 092
11. 关心爱护,以诚相见 ………………………………… 095
12. 严格要求,赏罚分明 ………………………………… 098

第二节 常规工作 45 例

1. 怎样熟悉校史 ······ 100
2. 怎样编制学校发展规划 ······ 101
3. 怎样制订好学校工作计划 ······ 102
4. 怎样编排校历 ······ 102
5. 怎样安排工作日程 ······ 103
6. 怎样记校务日志 ······ 103
7. 怎样记录异常事件 ······ 104
8. 怎样写工作总结 ······ 104
9. 怎样总结典型经验 ······ 105
10. 怎样作报告 ······ 106
11. 怎样和教师谈话 ······ 107
12. 怎样和学生干部谈话 ······ 107
13. 怎样和有专长的学生谈话 ······ 108
14. 怎样和有劣迹的学生谈话 ······ 109
15. 怎样和有生理缺陷的学生谈话 ······ 110
16. 怎样接待学生来访 ······ 111
17. 怎样接待学生家长来访 ······ 111
18. 怎样接待教职员工的家属来访 ······ 112
19. 对课堂教学应提出哪些基本要求 ······ 112
20. 怎样做好听课前的准备工作 ······ 113
21. 怎样听课 ······ 114
22. 怎样评价一堂课 ······ 114
23. 听课后怎样和教师交换意见 ······ 115
24. 发现教师讲课中有科学性错误怎么办 ······ 115
25. 发现教师不认真备课怎么办 ······ 116
26. 对批改作业应提出哪些基本要求 ······ 116
27. 发现教师不认真批改作业怎么办 ······ 117

28.发现教师体罚学生怎么办 …………………………… 117
29.发现教师对学生有袒护行为时怎么办 ……………… 118
30.发现教师之间抢时间、争自习怎么办 ………………… 118
31.怎样帮助教师增强教育意识 …………………………… 119
32.怎样培植教师的自我约束力 …………………………… 120
33.怎样激发教师的心理推动力 …………………………… 121
34.怎样评价教师的工作 …………………………………… 122
35.怎样充分发挥班主任的作用 …………………………… 123
36.怎样充分发挥教研组长的作用 ………………………… 124
37.怎样把全校教师组织成为统一的整体 ………………… 125
38.怎样挖掘现有教师队伍的潜力 ………………………… 126
39.怎样培养新教师 ………………………………………… 126
40.怎样抓好教师进修工作 ………………………………… 127
41.怎样搞好校际交往 ……………………………………… 128
42.怎样搞好睦邻关系 ……………………………………… 129
43.怎样管好自己的时间 …………………………………… 129
44.怎样获得工作的主动权 ………………………………… 130
45.怎样培养和建立优良校风 ……………………………… 130

第三章 学校的科学管理

第一节 教学管理
1.教学的指挥系统与反馈系统 …………………………… 132
2.教学质量管理 …………………………………………… 133
3.教学常规管理 …………………………………………… 139
4.教师管理 ………………………………………………… 142
5.教研组建设与管理 ……………………………………… 147

第二节 班级管理
1.组织班级集体 …………………………………………… 149

  2.培养优良学风 …………………………………… 153
  3.家长工作管理 …………………………………… 155
  4.班主任队伍的建设与管理 ……………………… 158

第三节　体育卫生管理
  1.学校体育卫生管理的目的与内容 ……………… 161
  2.课外体育活动管理 ……………………………… 163
  3.卫生知识教育 …………………………………… 165
  4.保健室管理 ……………………………………… 166

第四节　总务管理
  1.总务人员的队伍建设与管理 …………………… 168
  2.财务管理 ………………………………………… 170
  3.财产设备管理 …………………………………… 171
  4.教职员工生活福利工作管理 …………………… 173

第五节　教育评价
  1.教育评价的思想、发展与过程 ………………… 173
  2.教育评价的类型、原则与过程 ………………… 176
  3.关于学校的评价 ………………………………… 179

第一章　校长的素质与修养

第一节　校长的必备素质

　　献身教育的理想追求　能够把从事教育工作做为自己的美好目标和人生追求，重视教育，热爱教育，对教育工作怀有深厚纯挚的感情，并愿意为教育事业奋斗一生。主要表现在以下六个方面：

　　①具有忠诚于人民教育事业的坚定信念。能够深刻认识教育的社会本质和社会作用，能够认识到教育兴则民族兴，教育强则国家强。能够从祖国的兴衰和民族的未来的高度认识教育的战略地位。把对人民、对社会主义祖国的热爱之情倾注在教育工作上，踏踏实实，兢兢业业，孜孜不倦，愿意为发展社会主义新时期的人民教育事业贡献自己的全部力量和一生。

　　②具有为国家培养新一代建设者的使命感。能够看清"世界新技术革命"挑战和全面建设社会主义现代国家迫切需要人才的形势，懂得今日对学生教育和培养将关系到祖国的明天。自觉地把教育工作作为一项庄严的历史任务来完成，并且能够把教育与治国安邦联在一起考量，时刻牢记人才培养的基础在教育。

　　③具有从事教育工作的高度荣誉感。能够充分地认识到教育工作的地位、意义和价值，把从事教育工作看作是最光荣、最有意义的职业。在重视知识，重视知识分子的今天，更以担当"人类灵魂工程师"而自信、自豪、自重、自强，以饱满的政治热情、奋发的精神和乐观的人生态度从事教育工作。

　　④具有主人翁的态度。对校长的职责范围十分明确，倾注全力进

行方方面面的工作，积极主动，认认真真，一丝不苟，富有创造性。对自己和对教师都能严格要求。

⑤具有做好教育工作的理想和愿望。能够以昂扬的姿态和愉悦的情绪，长期地、稳定地、自信地从事教育工作，并且主动调查了解教育和教学的历史状况和现实发展，全面思考、研究、探索教育工作的内在特点和规律，注意总结工作的经验得失，勇于进行大胆的改革和实验，不断获得新的知识，发现新的问题，开创新的境界。

⑥具有热爱教师、学生的深厚感情。能够全面关怀教师的工作、学习和生活。能够了解学生的心理特点，掌握学生的知识水平，察知学生的愿望要求，切实地帮助他们解决学习和思想上的问题，真正做到面向全体同学，全面关怀学生德、智、体、美、劳等各个方面的发展。

敏锐缜密的立体思维 立体思维是思维类别的一种，是认识过程在事物发展的不同渠道、不同层次、不同形式上，沿着纵横两个方向发展，形成具有广度、深度、速度、力度等多维度的交叉思维类型。校长运用敏锐缜密的立体思维方法，应该具有以下六个方面的特点：

①具有思维的创造性。a. 能够根据自己的理论修养、知识储存和实践经验，独立地思考、筹划学校的总体工作，独具卓识地萌动开拓性的设想，标新立异地构想整体性的教育改革方案，善于在思维领域里追求"独到"和"最佳"境界。b. 善于与人沟通，不拒绝先进的教育信息和别人的教改经验，但决不照抄照搬，机械模仿，而是巧于运用"智慧杂交"的能力，对别人成功的教改经验有分析、有比较、有取舍，将其与本校实践融为一体，并进而做出新的实验、新的改革、新的发现和新的创造。c. 能够运用思维的统摄能力，把学校各个处室、班组、学科的改革和成功经验汇集、总括起来，加以提炼、整理、升华，构成全校性更完整、更明晰、更成熟的改革系列。

②具有思维的批判性。a. 对学校的工作及出现的新问题、新情况，善于提出几个"为什么"，支持积极的改革建议，杜绝各种不良倾向，防患于未然。b. 能够敢于大胆地提出学校改革的方案，并把丰富生动的想象与精密的思考结合起来，自觉检查思考与假设的科学依据和准确程度，做到自思、自省、自悟。c. 不自以为是，不讳疾忌医，不搞思维定势。通过实践检查自己的工作安排和改革方案，广泛听取教师

和学生的意见，坚持正确的思想，改正错误的思想。

③具有思维的广阔性。a. 善于纵向思考。能够把学校管理和教学改革工作放置到一定历史范围来考察，充分认识到它产生的社会原因、历史状况、现实发展、未来趋势，即充分掌握事物的历史性、现实性、发展性，从而制定出符合教育发展规律的设想与方案。b. 善于横向思考。抓住学校工作及问题的各个方面、各个层次。既考虑领导班子问题，又考虑教师问题，既考虑教学问题，又考虑思想政治工作问题，既考虑党务问题，又考虑教务、总务问题，如此等等，对学校工作统筹兼顾，系统掌握，犹弹钢琴，统一调动。c. 善于逆向思考。看到学校某项管理问题，某项教改问题，某项思想工作问题，从这一现象立即想到它的反面："如果倒过来……会怎么样?"克服线性因果律的简单化，从相反的角度发现问题，验证问题，推测问题，以"逆推"求得解决问题的办法。d. 善于转向思考。在考虑某个教改问题，思维在一个方向受阻时，不固守最初的思路和方向，而是努力摆脱凝滞的"山重水复"的境况，马上转向另一个思路和方向，开始新的、充满生气和活力的思考，以求得"柳暗花明"的效果。e. 善于发散性思考。即在学校出现的某个问题面前，不固守传统的模式，而是尽量提出多种设想、多种方案、多种实验，以便对比、权衡，选择最优、最佳方式。f. 善于"创优"思考。即在思维没有受阻，甚至已经顺利得出答案的情况下，并不满足，并不止步，而是继续思考，用心寻求更佳方案，具有"山外青山楼外楼"的思维个性，这对于校长搞好学校整体性改革是十分重要的。

④具有思维的深刻性。a. 立体思维方式具有辩证性、逻辑性和实证性。能够运用马克思主义的辩证法，对教育和教学问题进行辩证分析和逻辑求证，看到学校有利与不利、积极与消极、前进与倒退、眼前与未来等各个方面，全面掌握学校工作大局及内部联系，抓住诸种关系中的主要关系，诸种矛盾中的主要矛盾，诸种问题中的主要问题，以一点突破带动全局工作。b. 能运用现代自然科学的研究方法，对学校工作进行整体性、系统性、综合性的分析研究。考虑到事物的表里、因果、本末、主从等各种联系，充分保证认识过程的严密性、完整性和科学性。c. 能够把思维触角深入到教育和教学工作的深层结构。探寻事物的底蕴和发展规律，揭示事物的特性和本质，从而做出正确的

判断，实行科学的安排措施。d. 思维的结果所形成的设想、方案、文章等，具有科学价值和理论高度，具有普遍性和指导性，经得起实践的检验。

⑤具有思维的敏捷性。a. 从思考的进程来说，能够省略思维步骤，加大思维的"前进跨度"。当一位校长接触到外校一项教学改革时，通常的逻辑思维方法是按照"概念（这项改革的目的、意义）——判断（改革的状况及发展的利弊得失）——推理（改革的性质及价值）——结论（主要经验）"的顺序进行，而思维的敏捷性则要求对一些次要方面暂不顾及，把注意力集中在事物的本质和结论，即教改经验方面，迅速地、准确地把握这种教改经验的主要方面、主要做法。b. 从思考对象的角度分析，能够跨越事物"相关度"的差距，加大思维的"联想跨度"，由"乒乓球效应"联想到学校管理的辩证关系，由一篇关于农村领导体制的小说联想到学校领导班子的组成，由舞曲的旋律联想到教学工作的节奏，如此等等，从"远区"转向"近区"，从低"相关度"的事物中获得启示，达到对未知世界"进击获胜"的目的。c. 从思考条件分析，能够跨越事物"可现度"的限制，由一次听课过程中火花般的一闪念转为崭新的一项教学实验，由读巴班斯基"教学最优化"著作时的奇想萌动转为对各个学科课堂结构的改革，等等，由"虚体"转为"实体"，由"不可观"转为"可观"，加快了思维完成的进程。d. 从思考魄力来说，在某种紧急状况或意想不到的问题出现时，能凭敏锐的思考和洞察做出迅速反应，果断处理。

⑥具有思维的灵活性。a. 能够"以变应变"，建立动态性的观察方法和知识结构，善于进行迁移性思考、连动性思考。从别校、别人的教改实验中获得启示，做出新开拓，辟出新境界。b. 思考不固守已有模式、框框、渠道，不唯上、不唯书，不受传统思想的束缚。一切从实际出发，从大量信息根据出发，以变动灵活的思维方式认识错综复杂的客观形势。c. 能根据学校客观形势的变化，及时修正原来的工作方案，放弃已被实践证明为错误的东西。

博中有精的知识结构 这个结构是指知识有机构成的整体框架和知识体系形成的内部联系，以"博"与"精"的统一，即以知识系列的完整性与知识主体的精深性相统一的最优化知识结构。

中小学校长知识结构从"博"的方面说，应该具备下述知识系列：

①具有马列主义理论、政策知识。主要包括：a. 系统学习马克思列宁主义、毛泽东思想、邓小平理论、"三个代表"重要思想、科学发展观习近平新时代中国特色社会主义思想为指导。了解科学社会主义、政治经济学和哲学的主要内容，懂得辩证唯物主义与历史唯物主义的基本观点，能够根据马克思主义观点正确认识社会历史和现实社会，坚持中国特色社会主义文化发展道路。并且能够运用唯物辩证法指导学校的行政管理和教学改革，搞好对青年学生的思想政治工作。b. 及时学习和掌握党的路线、方针和政策，加深对新时期政治经济和社会关系新变化的认识，不断提高对社会改革和经济建设新课题、新形式、新经验的认识。c. 要努力熟悉和贯彻国家有关的法令、法规、条例和规定，维护社会治安，发展学校良好的秩序。

②具有较高的文化程度和专门学科知识。主要包括：a. 不断开拓业务知识面，小学校长除具有对小学各科的一般知识外，还要具有对中学相关学科的知识；中学校长除具有对中学一些学科的知识外，还要具有同大学相关的系、学科方面的知识，并在已有的知识基础上沿着提高的方向不断发展。b. 较系统地掌握一门或二门学科知识，了解这些学科知识的内部联系和最新发展，不仅能够在第一线同教师一样教课，而且还能够在教学实践的基础上，把教学经验上升为理论，写出具有一定水平的文章。

③具有必要的教育和教育理论知识。主要包括：a. 阅读教育学、心理学著作，了解教育学和心理学的基本知识，从理论上能够正确认识教育的本质、特点及社会作用，了解中小学生的心理特征和学习认识规律，运用教育学、心理学的基本理论去指导教育和教学工作。b. 初步了解一些中国教育发展史和外国教育发展史，了解人类教育发展经历的主要阶段，正确理解社会政治、经济与教育发展的辩证关系，认识教育自身发展的规律，认真学习教育发展史上的有益经验，不断提高对新时期教育进行全面改革的自觉性。c. 要着重学习当代教学专家的教学理论。例如，学习和掌握布鲁纳、赞可夫、苏霍姆林斯基、巴班斯基等提出的"教学与发展""知识结构""教学最优化""创造型思维""智力开发"等观点的基本思想和合理内核，加深信息时代对于"未来建设者"知识结构和智能素质这一历史要求的理解，准确地把握现代教学的历史发展和时代脉搏，坚持教学研究和教学改革的正确方向。d.

有计划、有目的地阅读中国历代和社会主义新时期教育家的生平事迹传略，学习他们献身教育事业的高尚情操，总结汲取他们丰富的教育工作经验。

④具有现代自然科学的初步知识。随着社会生产力飞速发展而产生的交叉科学、边缘科学、横断科学，促进了科学系列化、整体化、综合化的发展，丰富和补充了马克思主义的研究方法。全面学习现代自然科学的研究方法，主要包括：a. 学习系统论、信息论、控制论，运用"三论"概括出的反馈原理、有序原理、整体原理以及关于系统与要素、结构与功能、过程与状态等哲学范畴的论述，进一步提高对整体性教学改革和全面开发学生智力的认识，探索用科学方法指导教育和教学改革的规律和途径。b. 学习科学学、运筹学、未来学的基本知识，了解现代科学生产力的发展将给现代社会生产方式和生活方式带来的巨大变化，科学地预测未来社会对人才素质的全面要求，努力使社会主义新时期的学校教育实现现代化、科学化。c. 学习数理统计、数值分析、概率论以及计算机语言、数据库与情报检索等基本知识，努力掌握现代的科学工作方法，提高工作效率。

⑤具有现代的科学管理知识。主要包括：a. 要较系统地学习现代管理学的基础知识，掌握方向性、整体性、科学性的原则，坚持社会主义学校的正确方向，运用系统论和控制论的原理，对全校工作进行整体规划和科学管理。能较熟练地掌握制订计划、组织实施、检查指导、总结调整等管理工作的基本功。b. 学习教育信息学的有关知识，建立敏锐的情报意识，善于汲取国内外教改信息指导学校的工作。c. 学习现代决策学的知识，充分发挥"智囊团"的作用，建立起信息灵通、反馈敏捷、指挥灵活、效率较高的管理体系。d. 学习规章制度等有关知识，善于组织制定并实行各种规章制度和教学常规，建立严谨协调的学校秩序。e. 学习社会主义经济学和教育经济学以及教育社会学知识，懂得学校的财务管理。

中小学校长的知识结构从"精"的方面说，应该具备下述特点：a. 具有踏实的基本理论知识。在诸种知识系列中，对教育和教学理论学习得更多，了解得更深透。不仅系统地掌握教育和教学的基本理论内容，而且善于吸收当代新出现的教学论的营养，并能纯熟地运用基本理论指导学校工作。b. 对一、二门专业知识有专题研究。了解该项学科知识的已有成就，并能够对该项学科知识的新发展进行独立专门研究，具有著书立说的学术研究能力，善于提出新颖的见解。

见贤思齐的性格特征 这是一种表现在对待人才稳定态度和稳定行为方式上的心理特性。能够深刻认识人才对于社会发展的重要性。善于识别人才，发现人才，重用人才，对人才充满深厚的感情和殷切的期望。主要表现在以下八个方面：

①大公无私，唯才是举。a. 选用人才，以是否忠诚人民教育事业，是否符合教师基本条件为标准，不另立标准，不另搞一套。b. 选用人才，以学校实际需要为依据，以有利于学校整体工作为原则，不考虑个人的利害关系。c. 对教师一视同仁，平等对待，奖优罚劣，任人唯贤，不搞亲疏远近。d. 善于和持不同意见的人相处，对于曾经反对过自己而工作有成绩者同样表彰，同样重用提拔；对于曾经拥护过自己而工作有错误者同样批评，同样惩处。e. 坚持公道正派的作风，胸襟磊落，心地诚挚，发扬正气，抵制歪风。

②思贤若渴，荟萃英华。a. 对人才有深厚感情，有"三顾茅庐"的急切感和求贤欲，有不得其才誓不罢休的恒心。b. 善于寻求人才，把方方面面的人才（不同学科、不同专业、不同层次、不同特长）汇集在一起，形成人才与学识横向联系的"智囊团"。c. 能广开人才之路，实行人才自由流动的政策，人才不断进行更新、交流。d. 善于发挥人才的集体研究力量，形成"图书——情报——人才"整体结构的教育科研体系。

③高瞻远瞩，慧眼独识。a. 善于从科学预测和人才预测的时代高度，结合社会生产结构和社会生活结构的重大变化，认识人才的社会价值和人才的合理结构，富有预见性地着手全校教师队伍的长远规划和建设。b. 善于根据科学文化和教育改革的发展趋势，敏锐发现具有新知识、新理论、新型智能结构的人才。

④以能为师，喜荐人才。a. 对真理和学识真诚地拜服，对有渊博学识的人诚挚地喜爱，没有一丝一毫的嫉妒心。b. 对知识和才能超过自己的人，非但不嫉妒，还引为知己，朝夕切磋，虚心向能者学习，变人之长为己之长。c. 对远远超过自己的人才，不压制、不控制、不诽议、不埋没，帮助他们克服困难，为他们的进取创造条件，并且能够乐于做伯乐，积极地向领导部门大力推荐，使人才得到重用。

⑤知人善任，用人不疑。a. 了解每个教师的基本状况和个性特长，根据他们的个人素质特点安排工作，使每个教师扬长避短，各得其职，人尽其才。b. 只要看准了教师的特长，就不拖不误，抓紧任用。c. 用人放手，给职给权，大胆信任。没有事实根据，不能随意对别人工作进行指责批评；听到群众反映应该做调查和分析，不能望风捕影，人云亦云，随意撤换他们的工作。d. 人无完人，金无足赤。对教师不搞求全责备，不因为他们的缺点而否定他们的优点。

⑥谦虚谨慎，戒骄戒躁。a. 正确认识自己，看到优点，尤其要看到缺点。b. 正确处理领导班子成员之间、领导与被领导之间的关系，不居功，不邀赏，充分肯定别人的工作成绩。c. 遇事三思而行，多想，多思，多虑，多做调查，不急于下结论，特别是开展批评和对干部的惩处更要慎重。

⑦兼听则明，闻过则喜。a. 努力掌握辩证法的精神，注意从不同角度听取反映和意见，特别要注意听取反面的意见。b. 不宠信奸佞之徒，不听一面之词，不听"小道消息"和街谈巷议。c. 不搞唯我独尊，不喜阿谀奉迎之言。d. 欢迎批评，重用敢于批评而又有真才实学的人才。e. 不讳疾忌医，真心欢迎针对自己错误缺点的批评，并且在实践中认真改正。

⑧休戚相关，忧患与共。a. 关心教师的疾苦，尤其关心各种人才的生活。想人才之想，急人才之急，全心全意为他们谋福利，而不寻求个人的特权和私利。b. 在困难条件下，依靠各种人才和群众力量，努力改变学校面貌；在成绩面前，不忘群众的贡献，功劳归于别人，归于大家。

与时俱进的创造个性 这是一种稳定的、积极的、独特的、进取的心理特征，是个人持久性的心理活动特点（创造性的思维、刚毅勇敢的性格、聪颖睿智的才能、丰富浓厚的兴趣、新颖独特的爱好、锐意创新的气质等）的综合。创造个性是在创作心理过程中形成和表现出来的，而创造个性又制约着人的创造心理过程。创造个性的基础是个人的生理素质，但它又不是纯粹的先天的产物，而是与一个人的良好的现代教育、广阔的知识背景、富于进取性的社会事业以及艰难曲折的人生奋斗历程密切相关。只有开拓新业的社会实践，才能形成开拓新境的创造个性。创造个性主要包括以下五个方面：

①执着的探索精神。a. 具有敏锐思维和感应的能力。能够迅速地捕捉到国内外教育改革的新信息、新动态、新领域，并且不误时机地组织科研力量进行分析、对比、选择、综合、论证，汲取有益的养料，借鉴可行的经验。b. 能够结合校内外、国内外的教育和教学的现状与发展趋势，进行综合性的全方位考查，慧眼独识地寻觅教育和教学的"未知领域"，具有理论研究上的魄力、勇气、胆识，敢于向未被认识的"X"世界进军，敢于向科研的高峰攀登，做到有所研究，有所发现，有所贡献。c. 教育科研方向明确，方法科学，不为纷纭复杂的现象所迷惑，而善于抓住问题的症结和突破口，善于认识和掌握教育和教学发展的主要特点和内部规律，从而保证探索的效率和效益。d. 根据教育科研方向和选题，坚持理论探讨和具体实践相结合的方针，在学校妥当地行整体性或单项性的教育和教学改革实验，培养、支持、发展典型经验，把理论上、思想上的探索贯彻到实践中去。

②热烈的创新意识。a. 作为校长，当然要听取不同渠道、不同层次的意见，但是决不仅仅是根据他人的估计、评价来确认自己教育和教学改革是否有价值，而是要有一个属于自己的健全头脑，对自己从事的教育教学改革要具有强烈的自我感觉、自我认识、自我评估的主见力，具有一种创新的自信心和成功欲。b. 不唯上、不唯书、不唯条条框框，敢于冲破传统教育和传统观念的束缚，接受新的教育思想，学习新的教育理论。特别是注重学习信息论、系统论、控制论等科学方法，学习现代教学论专家的新著作，形成崭新的理论框架和知识结构，为创造和开拓教育新局面奠定理论基础和理论个性。c. 不迷信权威，不盲从偶像，对任何教育理论和著述都敢于提出自己的思索和见解，善于标新立异，善于与众不同，善于独立思考和另辟蹊径，进行独立性的教育和教学改革活动。d. 面对世界新技术革命的挑战和国内的经济改革形势，能正确认识开拓型领导——开拓型教师——开拓型学生的辩证关系，把最大的创造热情投放到教育改革和人才培养的事业上来。

③灵活的统筹艺术。a. 在坚持自我独创性的同时，正确地分析和选择中外一切办校治学的有益经验，通过"智慧杂交"的效应刀，把别人的精华营养加以吸收和发展，形成自己独具特色的新理论、新经验。b. 利用情报系统，广泛收集国内外教改动态信息，把方方面面分散的、

零碎的、个别的教改动态材料集中起来,加以去粗取精、去伪存真的概括整理,从而形成科学的教育观念和教改经验,并在大量教改信息材料的基础上实现认识上的飞跃,变成推动教改的理论力量。c. 运用思维统摄的方法,在浩如烟海的教改动态信息材料中,把握教育和教学改革的方向和规律,掌握教育科学发展的线索和脉络,从而向知识、理论的深度和广度进军。

④不动摇的坚持力。a. 有强烈的目标感和成功欲,为了探索某种教育理论和教学实验的奥秘,肯于进行长期的、细致的研究和实践,不论社会条件、历史环境和人际关系发生怎样的变化,其奋斗的目标不变,其求索的志向不变。b. 进行教改实验具有一种大无畏的气概,敢于冒风险,敢于迎难而上。如同马克思所说的:"在科学的入口处,正像在地狱的入口处一样,必须根绝一切犹豫,这里任何怯懦都无济于事。"即使遇到挫折和失败也不气馁,也不后退,而是冷静地分析和总结失败原因,振作精神,一切重新开始,继续朝着既定目标前进。c. 在平日工作和生活中,不为杂事闲情所干扰,能够集中目标、集中时间,集中精力,从事教学研究和教育改革这个"本业"。

⑤丰富的想象力。a. 能够根据大量的教育信息材料,进行系统地分析研究,然后凭借材料的内在联系和理想的"思维实验",提出科学的假说,推测出教育或教学发展的趋势,确定教研的目标、方向、重点,采取相应的教改措施。b. 能够利用已有的生活、工作经验和知识基础,在头脑中建立联想与迁移的"最佳稳固度区域",采取顺向联想、逆向联想、交叉联想等方式,从社会政治、经济、文化以及教育本身的发展过程中,克服直接相关或不直接相关的两个事物之间的差距,产生电石火花般的联想,从中获得深刻的启示,产生新的教育思想和教改方案。c. 根据自己的教育实践经验和多方面的理论知识修养,对教育和教学改革中出现的新情况、新课题、新形势,能够凭借直觉即"现成的判断,不带任何论证的形式进入意识",做出直接的判断和提出现成的解决办法,并且能够在纷繁复杂的教育信息材料面前,敏锐地察觉到某一类现象和思想具有的重大意义,预见到将来在这方面会产生的重大科学创造和发现,从而指出具有战略意义的新思想、新理论。d. 善于在教育理论探讨和教育改革实践中,迅速进入专注顽强、孜孜不倦、昂奋高涨的创造性心理状态,从而使自己长期钻研或实践

的某个问题在灵感闪现中得到深刻的领悟和意外的发现，做出创造性的成绩来。

统领全局的管理才能　　这是由多种管理能力形成的综合性的能力结构。能够深刻地了解学校"人——人"系统和"人——物"系统的内部联系，通晓学校管理的特点、规律和科学方法，使学校这个多部件、多序列的"组合机"有秩序而高效率地运转起来。主要表现在以下八个方面：

①熟练运用党的方针、政策的能力。a. 贯彻执行党的方针政策，坚持正确的政治方向，要牢固树立政治意识、大局意识、核心意识、看齐意识，坚定中国特色社会主义道路自信、理论自信、制度自信、文化自信，坚决维护习近平总书记党中央的核心、全党的核心地位。b. 全面贯彻党的教育方针，面向全体同学，使每一个学生德、智、体、美、劳等几个方面都得到发展，毫不动摇地克服片面追求升学率的倾向，为国家培养合格的人才。

②统观全局的思考能力。a. 能正确认识新时期政治经济和社会关系的变化发展形势，正确认识教育作为战略重点的意义和作用，从教育适应祖国建设需要的战略高度从事学校管理工作。b. 能从整体上掌握学校各项工作的内部联系，善于抓住学校每个时期、每个阶段的主要矛盾和工作重点，并准确地选择开展工作的突破口，取得以点带面、推动学校全局工作的实效。c. 能从知识体系和学科体系的角度，了解学校各科教学的现状和发展趋势，了解各科教学的主要矛盾和主要问题，结合国内外教学改革的主导趋向对全校各科教学进行整体性改革。d. 能够在学校诸种工作中，十分重视人的思想工作，把调动广大教师的积极性作为推动学校全局工作来抓。

③科学预测的能力。a. 能以自己或别人从事教育或教学工作的实践经验为基础，观察、研究、分析教育和教学工作的发展变化，进行经验判断和逻辑推理，揭示教育和教学工作的发展规律并预测其未来的发展。b. 善于进行调查研究，通过对学校有代表性的教师、班级、学科的状况进行典型调查，发现矛盾，提出问题，总结经验，然后通过选取任何一个教师、班级、学科进行随机抽样调查，用以检验典型调查所得结果的代表性程度，并根据其概率的大小而决定对典型调查的不同处置方法。c. 善于召集学校教学有专长、术业有专攻的有识之

士，就校长当前要抓的大事进行集体讨论，交换意见，相互启发，并根据需要将同类问题用书面形式向社会上具有权威性的教育专家请教，从而对所提问题的性质和发展趋势做出预测。d. 能够运用各种数学工具，建立数学模型，进行运算分析，对教育工作做出相应的统计和预测。

④全面指挥运筹的能力。a. 善于当"班长"，建立领导班子阶梯型的年龄结构、合理的专业知识结构、较好的智能结构、协调的气质结构、精干配套的工作结构，即善于把自己的管理系统组成一个健全的有效的运转机构，充分发挥领导班子作为"最高司令部"的指挥效能。b. 善于全面准确阐述工作的性质、目的及意义，以及与全校教职员工的利害关系，调动全体工作人员的积极性和责任感，为共同的奋斗目标同心同德，共同努力。c. 能够熟练地掌握学校工作的全局，抓住主导方面、主要倾向、主要问题，发展学校的主体形势，但又不忽视次要方面、次要问题。d. 能根据学校领导班子各个成员、各处负责人、各个教研组组长、各个教师的不同特点特长，知人善任，因人而异，人尽其才，协调一致。e. 善于总结不同类型的典型经验，用典型经验推动全面的工作。f. 善于运用科研的方法和可靠的资料，高屋建瓴，视野开阔，雷厉风行地开展工作。

⑤果断的决策能力。a. 熟悉校情，全面掌握学校各个部门（处、室、组、班级）的现状，能够敏锐地发现并提出学校管理和教学工作中的新问题、新矛盾、新情况，并根据个人的知识和经验做出决策。b. 能够对发现和提出的问题，广泛征求群众特别是有识之士（智囊团）的意见，群策群力，集思广益，充分考虑不同角度、不同方面的意见，对诸种工作方案进行分析、研究、对比、评估，做出选择最优方案的决策。c. 充分利用"图书——情报"的信息系统，分析研究教育和教学的现状和发展，正确估计教改动态发展的趋向，不误时机地捕捉新颖而富有生命力的教改信息，全力以赴，当机立断，迅速采取相应的改革措施。d. 能够根据学校工作变化的规律，见微知著，防患未然，把不良倾向消灭于萌芽之中。e. 对学校或国内外教育领域出现的性质尚不清楚、发展势态尚不明晰的事物，能够凭借科学预测和远见卓识，做出最早的正确判断，走在人们的前面。f. 能够在工作中形成科学的思维方法，善于在诸种工作关系和工作矛盾中，抓主要矛盾，抓主要

倾向，抓主导趋势，不为日常琐事庸情所纠缠，不为文山会海所淹没，主要精力总是集中在高层次的具有重大战略性的问题上，并对这些战略性问题及时做出决策。g. 能够根据理性原则和系统性原则，充分考虑到学校各种工作的整个系统以及系统内部的相互联系、相互作用，使采取的方案和措施避免片面性、狭隘性，而具有总体性、全面性、普遍性。

⑥灵活的应变协调能力。a. 能够清醒地观察和分析学校工作中遇到的困难和挫折，冷静地对待出现的意外情况、意外事件，并且采取稳妥、完善、周密的处置办法，化难为易，转危为安，使工作正常顺利地开展。b. 能够全面掌握情况，正确处理学校部门之间、班组之间、教师之间、师生之间、领导之间的矛盾，纠正错误的思想行为，排除不健康的倾向，改善各种人际关系，对各类工作人员做出恰当合理的安排，加强领导班子的团结，加强全校师生员工的团结。c. 沟通学校、家庭、社会的关系，增强社会活动和交际活动力，学校为社会服务，社会关心学校发展，争取家长和社会力量对学校工作的支持。

⑦创造性的科研能力。a. 重视科研工作，以科研开路，把学校管理工作作为科学研究来抓，注意用科学研究方法探索工作规律，总结全面管理和教学改革的经验。b. 建立并亲自领导学校科研系统，成立教育理论研究室，加强各个教研组的教学研究管理，指导教学实验和教学改革。c. 完善资料室、图书馆、电教室、实验室、录像录音室，建立完整的"图书——情报——实验"系统。d. 带头从事教育理论研究著述，并积极鼓励教师从事研究写作活动，充分发挥学校集体写作力量，提高学校管理和教学改革水平。

⑧巧妙的领导艺术。a. 领导工作具有灵活性、创造性、综合性、实践性的特点，实现领导艺术性与科学性的统一。b. 科学地运筹时间，合理安排工作程序，提高时间利用效率。c. 善于运用各种会议，提高会议的质量与作用。

注重务实的工作作风　这种作风系指朴实的工作态度的外在表现和良好工作行为的稳定特征。能够坚持实事求是的工作原则，深入实际，了解实情，肯做实事，注重实效。主要表现在以下四个方面：

①求实精神。a. 忠实地贯彻执行党的方针政策，贯彻执行党的教育方针，踏踏实实提高管理水平和教学质量，使学生在德、智、体、

美、劳等几个方面得到全面发展，不贪图虚名，不片面追求升学率。b. 坚持实事求是、因地制宜的方针，从实际出发，从校情出发，从实效出发，工作中不搞形式主义。踏踏实实，一步一个脚印地抓好工作。c. 对外地、外校教改经验认真分析、研究、对比、选择，汲取精华，为我所用，不搞机械模仿、照抄照搬。d. 能够辩证地分析学校全面工作的得失，充分肯定成绩，如实地向上级反映情况。

②深入实际。a. 全面了解和掌握学校各个方面的情况，熟悉学校工作的现状和发展趋向，清楚各个处室、班组、学科的长处和短处，对学校领导工作做到"心中有数"。b. 了解领导班子成员的思想状况和业务专长，注重调动每一个人的积极性，做到信念一致，情感和谐，互通情报，分工负责，把各个方面工作落到实处。c. 关心爱护教师，了解教师工作上的困难和生活上的疾苦，想方设法，创造条件，为他们排忧解难，把党的温暖送到他们的心坎上。d. 深入教学第一线，与教师一起备课、听课、讲课，摸索各个学科的教学特点和规律，提高课堂教学的水平，并帮助教师总结教学经验，大力支持和推广有益的教学实验。e. 深入学生之中，通过个别谈话和座谈讨论，了解学生的心理特点和思想变化的规律，改善学校的思想政治工作，不断提高学生的思想素质和认识水平。f. 了解学校工作各个方面，通过调查研究，注意发现、培养先进典型，推广他们的经验，取得以点带面的效果。

③发扬民主。a. 首先在班子成员中发扬民主，尊重每一个成员的意见和权力，听取和支持他们的积极建议。b. 有关学校工作的重要议案，诸如教改方案、思想政治工作方案、奖惩条例、工作责任制等，要通过会议形式充分发动全校教职员工进行讨论，广泛听取反映，尊重多数人意见，注意吸收不同意见的"合理内核"。c. 在集体中不把自己摆在群众之上，而是把自己当成群众的一员，尊重信任群众，接受群众的监督。d. 拜能者为师，虚心向老同志、老教师以及一切真正有识之士请教，充分发挥"思想库""智囊团"的作用，使学校工作建立在广泛的群众基础和科学基础之上。e. 要积极地为教师提供发表意见和建议的机会和场所，要在全校形成广开言路的风气，讨论研究的风气，敢于讲真话的风气。

④以身作则。a. 带头形成讲实话、做实事的作风。不说大话，不说假话，不哗众取宠，不媚上邀功。b. 要求班子成员做到的，首先自

己做到；要求教师遵守的，首先自己遵守，成为全校教职员工遵守纪律和制度的表率。c. 发扬艰苦奋斗的精神，不怕工作劳累，不怕担子沉重，吃苦在前，享受在后，先人后己，大公无私。d. 按国家政策办事，按学校规定办事，不搞特殊化，不弄虚作假，不谋取私利。e. 尊重工作和教学的客观规律，不搞主观主义和强迫命令。

严于律己的自我意识　这是一种以人的心理过程为基础的意识活动，是人的本质的、经常的、稳定的个性心理特征，是人对自己的属性、个性、状态、活动行为的自我认识、自我态度、自我评价、自我调节。在唯心主义哲学那里，往往把自我意识看做是独立的精神实体和本原，而马克思主义唯物论则认为，自我意识是作为实践和认识主体的人的机能和属性，是主体和客体在实践中相互作用的产物。校长严于律己的自我意识，是在社会实践与教育工作实践中形成的具有高度自觉性、自制性、自强性的心理素质，是对自己人生目的、社会理想、生活追求、工作态度、个性情趣的自我认识和自我调整。这种自我意识主要包括以下四个方面的内容：

①具有孜孜以求的价值追求。a. 从人生观来看，能够深刻理解人生意义和生命价值，正确地选择人生道路和生活目标，自觉地把自己的命运与国家的命运联系起来，把自己有限的生命投入到无限的为人民服务中去。b. 从事业观来看，能够深刻认识教育工作的社会价值和时代意义，热爱教育。重视教育，忠诚于人民教育事业，兢兢业业，踏踏实实，不倦不懈，执着坚定，愿意为教育事业贡献自己的一生。c. 从知识观来看，能够深刻认识知识的价值、作用、意义，有"学然后知不足"的知识饥渴感，学而不厌，持之以恒，不断更新自己的知识结构，并不止不息地向新的知识领域跋涉。

②具有"自我角色"的明确认知。a. 对自己担任的校长职务有清醒的认识。永远铭记着党的嘱托和人民的期望，时刻意识到自己的校长身份，把担负的治理学校、教育学生的重要职责铭记在心上，并且严格要求，身体力行，认真履行校长工作职责。b. 对自己的领导地位有清醒的认识。从与教师的关系来说，自己是一校之长，又是教师的贴心人，不能把自己等同于一般教师，不能降低对自己的要求，要时时处处做教师的表率和楷模，关心教师的工作和疾苦，并以自己的实际行动影响教师，带领教师为实现办校目标而奋斗。从与上级领导、领

导集体的关系来说,又要注意增强组织观念和集体观念,要坚持正常的请示汇报制度,向上级领导不断地反映学校的新情况、新问题,忠实地贯彻执行上级领导机关的方针指示,并虚心地听取学校领导班子的意见,群策群力,注意发挥群体的聪明才智。c. 对自己的领导权力作用有清醒的认识。明确上级赋予自己的校长权力,懂得权力动机与领导行为心理动力之间的辩证关系。真正认识到,权力是党和人民给的,要做人民的勤务员,为广大教师和学生服务。所以,能够以正确的权力动机产生正确的领导行为心理动力,能够正确地行使职权以协调、控制、支配全校教职员工的心理和行为,把方方面面的积极性都调动起来,为相同的奋斗目标而努力工作。d. 对自己的领导义务有清醒的认识。对校长这个领导角色的义务有正确的理解,懂得领导就是服务,懂得全校教职员工按照"校长角色"的社会规范和条件标准对自己心理上的期待,自觉地把"自我角色"义务感和教师的期待心理作为自己履行职责的强大内驱力,时时考虑到教师的要求、希望和需要,对学校管理工作和教学改革负责,对教师的工作和生活负责,对学生的全面发展和健康成长负责,从而真正实践教职员工对自己的心理期待,成为一个赢得群众拥护和信任的"领导角色"。

③要具有自知之明。a. 能够正确地全面地进行自我评价。依照社会主义新时期校长的客观标准和进行学校管理的实践需求,对自己的理想目标、品格素质、知识经验、管理才能等因素做到客观的认识与深刻的体验,全面地看到自己的优点和缺点、长处和短处,既不妄自菲薄,也不妄自尊大,科学地评估自己,解剖自己,并在工作实践中做到头脑清醒,知己知彼,扬长避短,发挥优势,弥补不足,高效率、高质量地做好校长工作。b. 正确认识个人与群众、组织的关系,善于以理智控制情感,冷静地对待别人和处理工作,不以领导地位自居,不以自己的才智自骄,不以校长的业绩自矜,而是看到群众的力量,看到并发挥教师们的聪明才智,建立友好的、同志式的群众关系。c. "知己者明,知人者智",正确地认识自己,进而正确地认识别人;能正视自己的不足,才能珍视别人的长处,形成爱才、识才、惜才的心理,真正做到不妒贤嫉能,不排斥和压制有识之士,不埋没普通干部和教师的成绩。d. 善于听取群众的意见批评,把群众的意见批评看做是对自己的关心爱护,具有"闻过则喜"的心态,重用提拔敢于提意

见并且确有真才实学的人才。e. 坚持"以人为镜"，经常对照检查自己的认识是否符合实际、符合客观规律，正视并认真改正自己的缺点错误。

④具有坚韧不拔的自制力。a. 在工作实践和生活中注重自我控制的习惯的培养，形成稳定的、持久的自省、自制的能力和坚持原则、克己奉公的意识。b. 善于听取"智囊团"的谋划，利用科学预测的成果，有意识地调节自己的言论和行动，协调自己的情感和意志。c. 在工作过程中和生活实践中，当出现意见分歧和认识差距，或者发生尖锐矛盾和激烈冲突时，能够保持清醒的头脑，进行冷静的分析和缜密的思考，做出正确的判断和妥当的处理。d. 在遇到特殊情况，例如受委屈、受排斥、受误解时，除了采取必要的解释说明外，不放弃责任，不放松工作，不计较个人的得失恩怨，使自己的言论和行动符合党和国家的利益。e. 在工作有成绩时，不沾沾自喜、自鸣得意；在工作遇到挫折时，不气馁、不灰心，始终以乐观的精神和稳定的情绪创造成绩，克服困难，不断推动工作向新的高度发展。

第二节　校长的综合修养

（一）政治修养

忠诚于人民教育事业　对教育工作的本质和社会价值、作用有着深刻的理解，对教育工作抱有极大的热忱和炽烈的感情，并在长期教育工作实践中形成了执着的、稳定的信念和事业心，把自己的青春、精力乃至生命都贡献给教育事业。这是对教育工作者基本的要求。校长要做到忠诚人民的教育事业，应该包括以下四个方面的内容：

①对教育的本质、价值、作用具有深刻的理解。不仅能够从古今中外人类文明史和科学发展史的角度充分认识到教育对于经济的巨大推动作用，看到教育事业发展和社会精神文明进步的关系，而且能够从目前我国社会建设对于创造型人才的急需和世界新技术革命挑战的形势，清醒地意识到教育对于发展经济、促进改革、造就人才、振兴中华的重大作用，以及对于社会主义精神文明建设的重大推动作用。

现在世界上经济力量的竞争，军事力量的竞争，归根到底是科学力量和知识力量的竞争，而决定着科学与知识发展方向和水平的，是人才资源的数量和各级人才的质量。能否大量地培养出现代社会需要的方方面面的人才，包括科学技术尖端人才和现代型的普通劳动力量，将关系到民族的兴衰。要把学校平凡的教育工作与全面建设社会主义现代化国家联系起来，高瞻远瞩地看到学校课堂与未来社会的密切关系，从而产生一种荣誉感和责任感，产生一种倾注全力培养人才，努力办好学校的强烈愿望和坚定信念。

②能够把对教育工作的崇高荣誉感和责任感具体落实到对学生的关怀、教育、培养上。明确学校的一切工作都是为了学生的健康成长，坚持面向每一个学生，坚持学生德、智、体、美、劳的全面发展。既要使学生学好基础知识、基本理论，奠定牢固的系统的知识基础，又要使学生掌握学习方法，了解知识的内部联系，发展学生的智力和潜在的积极性；既要搞好学校的思想政治工作，使学生提高思想认识水平，又要关心学生在家庭和社会上的表现，防止各类错误思想对他们心灵的侵蚀；既要对学生在校期间的学习和进步负责，使他们学到有用的知识本领，更要对学生毕业之后走向社会负责，使他们对经济建设、社会建设能够做出有益的贡献。总之，要满腔热情，尽职尽责，充分调动教师的工作积极性，把整个身心扑到教育学生上，谱写社会主义新时期的"教育诗"。

③热爱学校工作，努力改革、完善和发展学校事业。学校是为国家培养人才的地方，学校事业是未来事业。为了使学校适应"四个全面"和培养创造型人才的时代需要，既要增强做好现实工作的紧迫感，又要从学校的今天想到学校的明天，不墨守于学校的成规和现状，而是采取积极改革的态度，全面改革现有的教育体制、教学内容、教学方法以及教学管理，并且采取各种有效措施，加强学校包括校舍、设备、环境在内的基本建设，努力使学校跟上时代改革的前进步伐，实现学校管理的现代化、科学化，全面美化和规范校容校貌，从各个方面为教育培养学生创造有利条件，不断推进学校事业向新的水平发展。

④树立一辈子干教育工作的坚定志向。能够热爱教育工作，钻研教育工作，不断认识教育工作的特点和规律，努力提高管理学校的水平。能够时时把学校工作放在心上，几十年如一日，兢兢业业，孜孜

不倦，踏踏实实，不求闻达，埋头苦干，以从事平凡的教育工作为最大幸福和快乐。能够以校为家，以学校工作为最高利益，不怕吃苦，不怕艰难，不怕挫折。在挫折和失败面前，不气馁，不灰心，不动摇，以坚韧的毅力和饱满的热情，去克服困难，排除障碍，总结教训，化消极因素为积极因素，变被动局面为主动局面，并且能够在逆境中做出新的探索，新的实验，新的开拓，始终不渝地把学校工作推向新水平。

较高的理论政策水平 能够掌握马克思列宁主义、毛泽东思想、邓小平理论、"三个代表"重要思想、科学发展观和习近平新时代中国特色社会主义思想，运用唯物史观和辩证法观察分析社会现象、历史现象、教育现象。能够把社会实践和教育实践提到理论高度和政策高度，自觉按社会规律和教育规律办事的能力。这是对学校领导者政治理论水平的较高要求，是坚持社会主义方向治校办学的理论政策基础。校长具有较高的理论政策水平，应该包括以下四个方面的内容：

①具有马克思主义理论的基本修养。一方面，能够运用唯物史观和辩证法哲学，正确认识世界政治经济发展的形势和纷纭复杂的国际关系，对世界新技术革命、电脑信息社会等新思潮和新挑战做出马克思主义分析，充分认识到世界科学技术和经济生产力突破性发展将给现代社会生产结构和生活结构带来的变化，不失时机地汲取发达国家一切有益的科学知识营养，同时又不为西方政治家关于"新的工业革命可能会促使西方现存制度长治久安"的梦呓所迷惑，始终坚持四项基本原则，坚持走中国特色社会主义道路；另一方面，能够运用马克思主义的理论正确认识和分析社会主义新时期政治关系和经济形势的新变化，认识经济改革的必然趋势将给整个社会生活和社会面貌带来的巨大影响，不断提高对改革必要性、现实性的认识，按照改革的规律办事，使自己的思想和行动跟上时代前进的步伐。

②具有掌握运用政策的原则性和灵活性。必须坚定地执行党的路线、方针、政策，与党中央在政治上保持一致，决不能彷徨动摇。但在执行中央的方针政策时又有灵活性，即能够同本地本校的实际结合起来，从实际出发，因地制宜，不盲目地追求"一刀切"。比如，在执行《中共中央关于教育体制改革的决定》时，在发展职业技术教育和普及九年制义务教育等方面，就允许有先有后，承认地区、学校的差别

和不平衡，可以有不同的渠道、不同的方法、不同的层次、不同的节奏。

③善于运用马克思主义理论和教育理论解决学校教育工作中的实际问题。马克思主义理论的基本要求，是把问题提到一定的历史范围之内，对具体问题进行具体分析。随着学校改革的深入发展，出现了许多新情况、新问题。学校领导者面对这些新情况、新问题，能够保持清醒的头脑，坚持实事求是的方针，从调查研究入手，按着事物的本来面貌认识事物，严格遵循事物本身发展规律办事。比如，如何正确认识学校的整体改革及发展趋势，如何认识新时期学生思想政治工作的新特点新变化，如何揭示学校科学管理的内部规律，如何处理传授知识和发展能力的关系，如此等等，都应根据马克思主义的立场、观点、方法和现代教育理论，对具体问题进行具体的实验、分析、评估、总结，进而总结出新经验，做出理论和实践上的新发现。

④善于运用马克思主义理论正确识别和抵制各种错误思潮。由于剥削阶级思想残余的根深蒂固，"十年动乱"的遗毒和对外开放之后不可避免的西方意识形态的影响，在社会发展的进程中总会出现各种各样的错误思潮。作为校长，应当善于运用马克思主义理论，在各种思潮袭来时，能有所识别，有所抵制，不为错误思潮所干扰，坚持社会主义的教育方向。

坚持正确的办学方向 能够全面贯彻党的教育方针，面向全体学生，保证学生德、智、体、美、劳全面发展，自觉纠正片面追求升学率的倾向，坚持既为高一级学校输送合格新生，又为社会培养大批优良的劳动后备力量的双重培养目标，使学校教育更好地适应社会主义现代化建设的需要。这是摆在中小学领导面前一个不容回避的重要课题，是领导者真正办好社会主义学校，全面提高教育质量所必须首先考虑和认真解决的根本性问题。校长坚持正确的办学方向，应该包括以下四个方面的内容：

①要全面贯彻党的教育方针，使学生在德、智、体、美、劳各方面都得到发展。要认真上好政治课和思想品德课，按照青少年思想、心理、年龄特点搞好思想教育，使他们懂得马克思主义的基本观点和社会主义建设的基本方针，逐步培养起热爱祖国、热爱人民、热爱中国共产党、热爱社会主义制度的感情，从读书时就树立起为振兴中华、

为社会建设做贡献的远大志向。要认真学好文化课,掌握自然科学和社会科学的基础知识,了解各个学科知识的内部结构和学习的基本方法,形成能力,发展智力,培养创造思维的品格。要搞好体育、美育、劳动技术教育,使学生体魄健康,情操优美,并且具有一定的从事劳动生产技术的能力,为形成未来四化建设开拓型人才奠定基本的知识结构和素质结构。

②充分认识到社会建设对于人才的客观需要,坚定不移地保证双重人才的培养目标,采取教学改革,教学实验、走向社会等不同方式,因材施教地搞好学生的培养提高,充分开发尖子学生的智力,给他们发挥聪明才智提供更加广阔的知识背景,使他们从读书起就接触现代科学技术知识,立下为未来中国科学腾飞做贡献的大志;同时,又不忽视差生,对他们倾注更多的关怀和热爱,采取各种有效的办法帮助他们学好各科知识,提高他们对于学好文化知识的重要意义的认识,使他们在自己的基础上得到全面的发展。

③坚决纠正片面追求升学率的倾向。要充分认识到片面追求升学率的严重危害:a. 违背党的"以人为本全面发展"的教育方针,干扰和妨碍人才双重培养目标的实现。b. 违反教育和教学规律,取消了德育、美育、劳动技术教育,歪曲了智育,把基础知识教学变成了"题海战术",把能力培养变成了对尖子学生应考能力的"特种技术训练",破坏了"双基教学",也不能使学生真正形成能力,降低了教育质量。c. 增加教师、学生和家长的精神负担和压力,损害学生身心的健康发展。为了消除片面追求升学率的弊端,除认清社会原因、教育部门本身原因,积极地采取综合治理政策,进一步发展经济,发展教育事业,改革劳动制度人事制度和统一社会各方面的认识之外,教育部门和学校必须充分认识自己的责任,进一步端正办学指导思想。

④要认真贯彻教育部1983年12月13日颁发的《关于全日制普通中学全面贯彻党的教育方针,纠正片面追求升学率倾向的十项规定(试行草案)》,其要点主要有:a. 全面贯彻党的教育方针,不能只抓升学,忽视对劳动后备军的培养;只抓分数,忽视德育和体育;只抓少数,忽视多数;只抓毕业班,忽视非毕业班;只抓高中,忽视初中。b. 要正确指导和全面评估学校工作。评估一所学校的质量,主要看是否全面贯彻教育方针,对全体学生负责,学生的德、智、体是否在原有基

础上有较大提高，合格率如何；学生毕业后是否适应劳动或升学的要求；各地不许搞升学考试名次排队，不给地方、学校下达升学指标，不得片面地只按升学率高低对学校和教师进行奖惩。c. 严格按照教育部或省、市、自治区教育厅（局）颁发的教学计划开设课程。不能为了应付升学考试，随意砍掉或挤占某些课程，每科成绩均须记入学生档案，缺一门课程成绩者，不发毕业证书。d. 毕业生的操行评语要如实地反映学生的思想品德状况。对后进生要热情帮助，不得歧视或无故迫使其退学、转学。e. 减轻学生课业负担，初中未经县、高中未经地区以上教育部门批准，不得随意增加课时，或提前结束课程。课外作业，应控制在初中每天一个半小时、高中每天两个小时之内。校长、主任要负责检查。f. 保证学生睡眠、休息和课外活动时间。寒暑假要保证休息。g. 加强平时对学生学习情况的了解，不要频繁考试。每学期只进行期中、期末考试或考查。除招生和毕业考试外，未经教育部门批准，不要进行任何名目的统考。h. 保证学校正常教学秩序，不得举办全日制升学补习班，不得吸收往届毕业生插入应届毕业班学习或让他们以应届毕业生名义报考学校，或给他们开具学籍等假证明。i. 各级教研部门要把精力用于教学研究。不得组织任何名目的猜题、押题、模拟考试等活动。任何单位和个人不准编印高考习题集、练习册、复习资料等。j. 各级教育部门和学校要大力贯彻规定，宣传规定。

有步骤地进行教学改革 根据学校师资、设备、规模等实际情况，遵循学校整体改革部署和教学的特点、规律以及发展趋势，对教学思想、教学体制、教学内容、教学方法的系列性改革。教学改革是教育体制改革深入发展的必然结果，是学校教育改革的主体内容。它主要包括以下五个方面的内容：

①教学思想和观念的更新。即要实现从传统教学观向现代教学观的转变。a. 从教学的目的来看，不只是为了传授知识，还要开发学生的智力，调动学生思维内在的积极性，了解知识的结构和学习的过程，变"要我学"为"我要学"，把知识转化为能力。并且在教学中渗透观点、信念、情感、意志等方面的培养教育。b. 从教学过程来看，要破除传统教学的"仓库理论"，学生头脑不是贮存知识的仓库，而是活跃着积极思维的、闪烁着智慧火花的器官。在整个教学过程中，学生应占主体地位，教师要起主导作用，把教师"教的方面的活动"与学生"学的方

面的活动"结合起来，努力探索学生思维和学习的特点和规律，明确学生的智力和精力发展的动力是在学生的"自身运动"之中，像赞科夫所说的："某些影响，只有当它们适合于这个对象的性质和特点的时候，才能带来所预料的结果。同时，一定影响所引起的发展是按照受到外界影响的对象的固有规律进行的。"充分调动学生学习的个性。c. 从教学作用和目标来看，不是培养唯书、唯上，只会死记硬背，不会灵活运用知识的庸人，而是要着重培养独立思考能力和创造思维品格，培养学生运用获得的知识去解决面临的新问题的能力，成为具有睿智头脑和开拓精神的一代新人。

在实现上述教学观念、教学思想的转变过程中，作为学校的教学指挥者和组织者，必须实现五个方面的转变：a. 由封闭式思维方式向开放式思维方式转变；b. 从传统教学论向现代教学论转变；c. 从行政干部模式向教学科研者模式转变；d. 从经验型领导向科学型领导转变；e. 由单一型知识结构向综合型知识结构转变。

②改革教学管理体制的指挥系统。a. 改革教学的领导体制。在实现校长负责制的基础上，建立校长——教导主任——教研组长——教师的教学管理网络，定岗定位，各司其职，各负其责。成立教育理论研究室和教学实验室，负责对全校重点教学实验的业务指导和经验总结，并作为校长的"参谋"机构而承担教育理论和政策的咨询。b. 实行科学的教学管理。组织全校教师干部系统学习现代管理理论和现代教学理论，熟悉各科教学的现状和存在的问题，掌握各科教学的特点和规律，努力提高各科教学的效率。注意掌握和吸收教改信息，注重对各科教学现状的调查研究，把教学实验提高到理论高度，用理论化的教学经验具体地指导教学。运用现代的定量分析和定性分析，不断地研究教学的新情况、新问题，做出切合实际而又有科学预见性的决策和部署。制订严格周密的教学计划和教学细则，使各科教学程序化、规律化。c. 用科学研究的方法指导教学。根据各科教学的需要和实际，确定科研题目，把知识教学与科学研究结合起来，把教学实验与教学理论探讨结合起来，定期举行研究探索性质的公开课、观摩课，在年终召开规模较大的教育科研年会。以科研开路，全面推动教学水平的提高。

③改革教材和教学内容。要对现有课程和教材进行全面的研究和

分析，保留优点，克服不足，摆脱陈旧的模式，构成具有纵向联系和横向联系的新的知识体系。a. 课程和教材要保证学生在德育、智育、体育、美育和劳动技术教育诸方面的和谐发展，要加强政治课和思想品德课的教学。b. 要保证学生在自然科学和社会科学两个方面都学到广泛、扎实、最一般的基础知识，处理好开发智力与"双基教学"的关系。c. 适当反映学科领域中的新信息，反映新技术革命的需要。比如电脑技术、光电纤维、海洋工程、生物工程、航天技术以及当代的新数学、新物理学、新生物学等基础知识。d. 对现有课程做适当精简，把中小学各阶段重复的教学内容或过深过复杂的知识做适当的调整。e. 组织人力，统一编写从幼儿园到中学各个阶段的系列教材。

④改革教学方法。要破除传统教学中满堂灌、填鸭式等陈旧呆板的教学方法，努力贯彻"创造是目标，思维是核心，讲练是根本"的教学原则，对学生有意识地加强学习方法、思维能力的训练，特别要着重培养学生发散式思维和收敛式思维的能力，使学生掌握知识的内部联系和掌握学习的基本过程，能够对知识进行独立的认知、分析、评价、选择、深化，学到触类旁通、主动获取、创造运用的本领。近年来，中外一些教学论专家和心理学家根据教学改革的实验，总结了一些新的教学方法，主要有：a. 发现教学法。注重让学生掌握学科知识中的概念、原理和法则体系，进行"发现学习"，自己获得规律和结论。其教学步骤为：提出问题，创设情境；将问题分解成若干回答的疑点，使学生明确探索目标，激起探索需求；鼓励学生利用教师提供的材料（教材），对提出的问题做出解答的假设；引导学生检查自己的假设，可以展开讨论；对讨论做总结，得出共同结论。b. 程序教学法。让每一个学生按照经过特殊编制的程序化的教材，根据自己的能力和速度学习，某项作业完成后，即进行测验。程序教学包括机器教学、课本式教学、计算机辅助教学等。各种形式编制程序的模式分为两大类：直线式程序和分支式程序。程序教学把教材分解为许多小步子，由小步子过渡到大步子，循序渐进地学习。c. 图表教学法。其核心是"纲要信号"图表，通过各种信号，提纲挈领地、简明扼要地掌握知识，为"理论知识起指导作用"开辟了新天地。图表法分为六个阶段、教师详细讲解，出示"纲要信号"图表进行第二次讲解，把小型"纲要信号"图表发给学生消化，并把大型图表张贴在墙上，以便课间复习巩固；要

求学生回家后按图表复习,在第二次课上,让学生利用回忆画出前节课上的"纲要信号"图表;让学生按图表在课堂上回答问题。d. 暗示教学法。教师精心设计教学环境,系统运用启发、联想力量,通过音乐、想象、智力、体力练习等方式,使学生在轻松愉快、精神放松的情况下,用较短时间学到较多的东西。此外,还有问题揭示法、讨论法、情境法,等等。

⑤改革教学形式。克服教学形式的单一化、模式化,开辟第二渠道,采取多种形式开发学生的智力,提高学生的素质。a. 走向社会调查,游览大好河山,参加有益的社会活动。b. 开设传递新信息、扩大知识面的选修课和讲座,请各种专家讲课或与学生见面;c. 开展各科课外活动小组和科技活动。d. 开展文娱活动、戏剧活动,召开朗诵会、演讲会、故事会等。e. 除了课堂所学的各科之外,成立航空、无线电、集邮、气象、花卉、标本、书法以及电子计算机、家用电器、外文等小组。f. 办好图书馆、阅览室、电影室、录像室、电化室,等等。

(二)学识修养

1. 教育知识

教育学 系统地学习教育学的有关专著和文章。了解中外教育史概况,懂得关于教育的本质、目的、制度、内容、方法以及教育管理等方面的知识,懂得教育的社会特征、社会价值和社会地位,能够按照教育的特点、规律办好学校和培养社会建设人才。结合社会经济的发展和教育改革的实践,不断丰富和发展教育学的内容,不断更新教育思想、教育观念、教育理论。学习社会主义的教育学,要重点解决好以下几个认识问题:a. 社会主义教育作为一种现代教育,教育的科学性及教育和生产劳动的结合构成了它的基本特征。现代科学技术通过教育载体进入生产过程,成为推动社会生产飞跃发展的巨大杠杆。现代教育与现代生产劳动也以科学为基点并在科学的基础上密切地结合起来。因此,只有把现代教育置于为现代化大生产服务的轨道,才能为教育发展开拓无限广阔的前景。《中共中央关于教育体制改革的决定》指出:"教育必须为社会主义建设服务,社会主义建设必须依靠教育",这是发展教育的正确指导思想,是推动社会经济起飞的英明决策。b. 在世界新技术革命挑战的形势下,经济竞争就是人才的竞争,就是教育的竞争，教育成为经济发展潜在的原动力，成为明天的生产力。c. 随着现代生产力的发展和科学技术的重大突破，世界各国掀起了教育改革的热潮。学习教育学必须树立教育改革的时代意识，研究世界和我国教育改革发展的特点规律，认清教育日益科学化、系列化、社会化以及重在质量、重在基础、重在创造的发展趋势。

心理学 系统地学习有关心理学的专著和重要文章。了解中外心理学史概况和主要著作的观点，掌握主要的心理规律，掌握认识、情感、意志等心理过程和能力、性格等心理特征的规律。特别注重学习和研究新兴的教育心理学，了解青少年的心理与学习特点，知识结构与知识迁移，发现学习与智力开发，品德心理与个性差异等基本知识。能够认识到教育心理学的发展趋势：a. 围绕着阐述教与学的规律，内容日趋集中，理论体系越来越完整。b. 各种教育心理学流派（如行为派、认知派等）之间，都在努力填补理论与实践之间的鸿沟，彼此分歧有缩小的趋向。c. 教育心理学已经成为教学改革的理论基础。新的教学论都是以探索儿童心理过程和特点并进而发展学生智力为基本内容的。教育心理学的现实适用性和理论指导性越来越突出。学习教育心理学应该注意以下三个问题：a. 要以辩证唯物论和历史唯物论的观点方法作为学习研究教育心理学的指导思想。心理学研究的是极其复杂的心理现象，诸如生理机制与机能、内驱力与内阻力、学习需要与动机、接受学习与掌握学习、个性结构与形成、道德品质与行为等相互关系问题。西方心理学家因为受到主观唯心主义哲学的影响，往往强调人的生物性因素而忽视社会性的因素，造成了理论上的错谬和混乱。只有坚持马克思主义的观点，运用唯物主义认识论和历史观，才能正确认识人的心理过程和发展规律，真正把对青少年的心理研究变为科学的教育心理学。b. 要贯彻"古为今用"的方针。把重点放在学习我国新时期以来出版的心理学著作上。c. 学习教育心理学的重要方法，一是要与学习现代教学论结合起来，加深对现代教学论理论根据的理解，二是把教育心理学的学习与教学实验结合起来，在实验中开拓新领域，总结新学说。

人才学 学习人才学的专著和有关重要文章。了解人才学的知识结构和现实意义。掌握有关人才学的理论和知识，能够采取理论与实践相结合的方法，研究人才成长和人才培养的规律。了解人才的特性和类型，培养人才的途径和措施，识别人才的原则和标准，合理使用人才的办法和制度。学习人才学，应结合学校管理改革和教学改革，重点认识以下几个问题：a. 从社会建设和世界新技术革命挑战的时代高度深刻认识人才培养的极端重要性。能否培养现代型的各类人才，成为世界各国的国策，成为教育改革的重要任务，成为关系到国家振兴和民族兴起的发展战略。b. 人才学随着社会的发展日益成为现代科学，人才观也随着社会经济的发展而不断发生变化。传统的人才观，是把具有出类拔萃的学识和才能的人称之为"人才"。而现代的人才观则扩大了"人才"的范围，《中共中央关于教育体制改革的决定》中指出：各级各类人才，包括数以千万计的厂长、经理、工程师、农艺师、经济师、会计师和其他经济、技术工作人员；包括数以千万计的教育、科学、医务、理论、文化、新闻、编辑出版、法律、外事、军事工作者和各级党政工作者；同时，还包括数以亿计的有文化、懂技术、业务熟练的劳动者。社会主义现代化建设不但需要高级科学技术专家，而且迫切需要千百万受过良好职业技术教育的中、初级技术人员、管理人员、技工和其他受过良好职业培训的城乡劳动者。没有这样一支劳动技术大军，先进的科学技术和先进的设备就不能成为现实的社会生产力。c. 人才问题已经成为教育改革的核心问题。教育改革的目的和方向是要适应社会经济改革的需要，而其根本问题还是为发展社会经济培养方方面面的人才，培养创造型人才。从这个基本思想出发，才决定了学校体制的改革、教育思想的改革、教学内容和方法、方式的改革。所以，从社会主义人才学的角度认识学校教育改革，可以进一步提高对教育改革重要性的理解并增强实践上的自觉性。

现代教育科学体系 通过信息和资料了解教育科学的现状和发展趋势，了解教育科学经过分化和综合所形成的新的学科、新的理论，初步掌握教育科学内部各学科知识的基本理论内容，形成现代教育科学体系的总体观念。具体说，主要包括以下三个方面：

①了解教育科学发展的趋势。随着世界新技术革命的兴起和生产力的高速发展，引起了现代社会生活结构和生产结构的重大变化，产生了电脑、生物工程、材料科学、技术科学等现代科技成果。社会生产和科学技术的发展有力地推动了自然科学与社会科学的渗透与综合，产生了新兴的交叉科学、边缘科学、横断科学等。科学技术这种不断

分化并在新的基础上形成高度综合的趋势，同样对教育科学发生了深刻的影响，教育基础科学和应用科学都有很大变化，产生了新的分支学科，形成了现代崭新的教育科学体系。

②了解教育科学新学科、新分支的基本知识。新学科主要包括：a. 教育哲学，它既是哲学的一个特殊分支，又是教育学一门基础理论学科，是一门与教育史、教育原理、社会学、哲学等相互交叉的边缘学科。学校领导学习这门知识，可以系统地掌握基础教育理论，运用历史的、社会的、比较的观点研究教育实践。b. 教育社会学。这是介于教育学与社会学之间的边缘科学。学校领导学习这门科学，可以加深对社会结构与教育的关系、社会化过程与教育的关系的理解，从广阔的社会实践的范围来认识教育的性质、地位和作用。c. 教育经济学。这是一门研究教育的经济功效及其条件的边缘学科。学校领导学习这门知识，可以更好地观察教育事业内部及其周围与之直接有关的经济现象，重视教育的经济效益，提高工作效率。d. 比较教育学。用比较法研究各国和各类教育的发展、现状和趋势的学科。学校领导学习这门知识，可以科学地对各种教改信息进行比较、分析、选择，扩大眼界，为我所用。e. 教育心理学。这是一门研究教育过程中的心理特点和规律的学科。学校领导学习这门知识，可以了解教师和学生的心理活动特点，为开展教学研究和教改实验奠定理论基础。f. 教育管理学。是学校行政学或经营学。学校领导学习这门知识，可以提高科学管理水平。g. 教育统计学。将统计学运用于教育和教学研究。学校领导学习这门知识，可以提高对教改现象的定性分析和定量分析的水平。h. 教育未来学。是新兴的教育预测科学。学校领导学习这门知识，可以根据社会、经济、科技、文化的发展趋势，预测未来教育的规模、结构、管理和发展，增强教育者的事业心和战略眼光。

③要正确地、全面地认识和运用新兴教育科学理论。a. 教育科学研究方法多种多样，但最根本的、最高层次的是马克思列宁主义的唯物辩证法。b. 对外国新兴的教育科学要注重学习，同时又要研究、分析，不盲目照抄照搬。c. 要正确对待传统教育科学，不能全盘否定传统，而是要否定传统中保守落后的东西，还要继承教育科学优秀传统中一切有益的养料。d. 要坚持进行教育科学实验，不断总结教育实践中的新鲜经验。

现代管理理论 它是19世纪末20世纪初产生的,从经济的定性概念发展为定量分析,采用数理决策方法,并在各项管理工作中广泛采用电子计算机进行控制的经济理论。现代管理理论,从操作方法、作业水平的研究向科学组织的研究发展。同时,还吸取现代科学技术的新成果,运用运筹学、系统工程学、电子计算机等作为研究的方法和手段。至于学校现代管理理论则是在现代管理理论基础上发展起来的,但它又具有作为教育本身的特点。学校现代管理理论是吸收了现代科学管理理论、系统科学、信息科学、技术科学、社会学、生态学以及社会教育学、社会心理学等理论营养发展起来的。按照现代学校管理理论观点,学校管理过程实质上就是把学校教育这种现实的、复杂的、受多种因素制约的管理事物,按其本身的性质、内容及其发展规律性,进行合理组合,形成相互作用、相互制约的有机整体,推动学校教育活动有系统有组织的由低级向高级发展,并设计出便于指挥调控的管理程序。现代学校管理理论包括管理的性质、内容、形式、方法以及原则、制度等方面的系统理论知识。它着重探讨学校管理过程的系统整体性、有序性、相关性、动态性、双边制约性、随机性等规律。它的概念范畴来源于三个方面:A、从生活中借用来的,如"管理""行政""领导""人事管理",等等。B、是新近在理论研究中提出来的,如"教学管理""思想政治教育管理",等等。C、从企业管理学中引进来的,如"目标管理""质量管理",等等。学校现代管理理论还是一门新兴科学,不论理论和实践还都处在发展过程中。

现代教学理论 系统地学习现代教学论专著和重要文章。能够结合美国著名教育心理学家布鲁纳撰写《教育过程》,苏联教育学家赞科夫主编《教学与发展》的过程,了解以现代发展教学观为核心的现代教学论产生的时代背景、历史条件及其具有代表性的理论观点和对于推动教学改革的巨大意义。a. 要认识到现代教学论是世界新技术革命的产物,是适应现代经济和生产力变革的一种教育理论形态,是对于适应信息社会培养开创型人才的时代需要的必然反映,是一种在开发智力和提供人才资源方面具有巨大优势的新型理论。b. 现代教学论的核心是现代发展教学观,它的基本内容为:首先,教学目标方面,注重学生的一般发展。"一般发展"包括智力、情感、意志、集体主义品质、个性、体质等从事创造性劳动的基础的总和。其次,教学任务方面,提出高质量的知识掌握和最大程度的智力发展的协调统一和高效率。在教学特性方面,坚持发展性教学,不仅仅把教学看作是传授知识和接受知识的过程,而是强调智力的开发和学生内在积极性的发挥,把教学和发展、知识和智能结合起来,注重对学生创造性思维品格的培养。c. 推动了学校的教学改革和教学发展。首先,现代教学论改变了传统教学单纯传授知识的观念,把目标放在造就一代具有创造品格和素质的人才上,把学校的"课堂教学"与"未来社会"联系起来,使教学活动成为开发人才智力资源的基础工程,适应了未来社会的要求。其次,打破了教学活动与社会生活相分离的旧传统,把个体性格上适应生活的一般特征作为"发展"的基本内容,使教学过程本身成为个体走向社会的"第一生活场景"。另外,一反传统的"知识基础论",把学生当做教学过程的主体,把创造性教学作为学生良好发展的必要条件,把以开发智力为核心的学习作为高效率教学的基础,使教学适应现代社会科学知识迅速发展更新的特点。学习现代教学论,除了要研究布鲁纳、赞可夫的主要著作外,还可以学习苏霍姆林斯基的"研究性学习法"、巴班斯基的"教学最优化过程"、维果茨基的"最近发展区"理论、根舍因的"范例方式教学论"、普莱西的"程序教学"等教学理论和方法,这些流派、观点都从不同角度反映了现代教学理论的观点和体系。同时,也要注意研究在中国的国情和语言、思维基础上产生的中国教学理论。

2. 业务技能

了解各学科的基本知识和要求　系统地学过各学科的教材,能够初步掌握各学科的主要知识内容,了解教学大纲对各科教学的基本要求。具体表现在以下几个方面:①了解各学科课程设置的编排体系。a. 语文、数学、外语为第一类,是学习科学文化知识和从事工作的工具;b. 政治、道德与法治课、历史、地理为第二类,主要讲授社会科学基础知识;c. 物理、化学、生物、自然、生理为第三类,主要讲授自然科学知识;d. 体育、美术、音乐为第四类,是发展学生美育和加强体质锻炼的学科。②了解各学科的基本知识。a. 初步了解各个学科的知识体系(各单元、章、节及纵向、横向联系),掌握各学科主要理论观点、原理法则。b. 了解各个学科知识内容的重点、难点。c. 明确各个学科的教学要求。如，语文对于培养听、说、读、写能力，数学对于培养逻辑思维和运算能力，道德与法治课对于培养志向情操，音乐、美术对于培养审美能力的具体要求，等等。d.熟悉各科教学大纲和教学计划，了解各科教学进度，能够正确评价教师知识教学情况，指出知识讲解中的差错，并能及时发现各科教学中共同性的问题，给予正确的指导。

能够精通一两门主要学科 在了解各科基本知识的基础上，能够更全面、更准确、更系统地掌握一两门主要学科的知识内容。主要表现在以下几个方面：①对一两门学科知识做过专门系统的研究，了解该科知识体系、知识结构、知识发展历史。②掌握学科知识内部联系和变化发展规律，对知识内容的重点、难点和疑点能够做出正确的回答。③能够像普通教师一样担当一两门学科的主讲，系统地讲授整本的教材。④对学科的教学问题做过调查，了解学生对各章各节学习的情况。⑤参与学科的备课、评课活动，能够以自己的教学实践指导教师的教学。⑥能够运用现代教学论认识学科的知识体系和教学实践，把对该科知识内容的掌握理解提到理论的水平。⑦对该学科知识领域的某个方面、某个专题、某个系列有深入的研究和修养，具有独到的见解和独特的发现，或者搞出了优秀的观摩教学，或者总结了科学的教学经验，或者写出了专著文章，在一定范围内形成了对该学科的权威性影响作用。校长精通一两门主要学科知识，好处很多：一是能够以点带面，以对一两学科的钻研和了解，带动对同类学科知识教学的了解。比如，以对语文的精通带动对历史、道德与法治、地理等整个文科教学的研究，可以取得突破一点，带动全局的效果。二是能够以一两科为实验田，进行教学实验，探索教学规律，总结专题经验。三是有利于领导与教师互相了解，有利于领导对教师教研活动的指导和教师业务水平的提高。四是有利于领导本人的业务提高。

善于做思想政治工作 要深刻认识到思想政治工作的重要性，了解社会主义新时期学校思想动态的现状，并根据学校教师、学生的思想实际和思想政治工作的规律，主动地、积极地、有创造性地做好思想政治工作。在工作上具有以下几个特点：①针对性。通过调查研究，全面了解新时期青少年的理想追求、感情倾向、知识欲望、兴趣爱好，及时掌握学生动态的"思想信息流"，并且对思想信息进行筛选、分类、比较、归纳。既看到青少年思想活跃,善于独立思考,善于发现和提出问题的长处,又看到他们意志薄弱,看问题容易产生偏激,常常会受到错误思潮影响的短处,辩证地认识和分析他们的思想面貌和思想变化的特点规律,并从历史原因、社会原因、家庭原因、个人原因等不同侧面做出综合性的研究,从而有针对性地做好他们的思想工作。②群众性。善于把学校思想政治工作看做一个系统工程,从不同渠道、不同层次、不同方面,调动一切积极因素,汇集一切力量,组成思想政治工作的合力。这里包括学校校长、党支部的工作,也包括工会、共青团、少先队的工作;包括学校教师的工作,也包括学生家长以及社会上各种力量的工作,从而形成淳朴的学校校风、文明的社会风气、正常的社会心理和健康的社会舆论,为学生成长和发展提供一个良好的学校环境和社会环境。③主动性。理解学生自主、自理、自制的心理要求,相信他们辨别美丑、辨别是非的能力,积极发挥少先队、共青团、学生会等学生组织的作用,让学生自己管理自己,自己教育自己。通过学生自己的学习、实践、讨论、鉴别,提高思想认识,提高理论水平。④渗透性。即善于下毛毛雨,"润物细无声"。能够把思想工作日常化、经常化,渗透到个别谈话中去,渗透到班主任工作中去,渗透到教学中去,使思想工作变成一种无形而又常在的力量,潜移默化地发挥作用。⑤灵活性。能够根据不同情况和不同个性,从实际出发,采取多种形式、多种办法进行思想教育工作。既有全校性的普遍的思想教育的安排,又有因材施教的个别细致的工作;既有正面的教育,以表扬为主,以调动积极性为主,又有适当的严肃的批评甚至处罚,充分发挥校规校纪和各种制度的规范监督作用;既善于发现苗头,及时疏导,做到防患于未然,又不急不躁,不怕工作的反复与曲折,始终保持思想政治工作的热情和持久力。⑥平等性。教师要同学生交朋友,向平等的方面发展。⑦示范性。教育者必先接受教育,领导者对自己要高标准,严要求,在工作与作风上要做到率先垂范、为人师表,以自己的模范行为教育和感染教师学生,增强政治思想教育工作者的权威和信誉。

懂得教学规律和方法 了解教学过程的特点和教学过程的本质联系,能掌握教学过程发展趋势并且采取适应教学过程内部联系的教学手段。教学规律主要有:

(1)教学的教育性。教学过程,是传授知识的过程,是开发智力的过程,是对学生德、智、体、美及其他方面培养教育的过程,而且是将诸种教育融入教学之中的过程。

(2)教学的间接性。在教学过程中,学生的认识和发展活动是通过学习前人的知识和经验实现的,认识的途径和方法主要也是通过理论,即科学结论、概念、定理、定义等知识来认识世界和获得发展的。

(3)教学的双边活动性。教学是教师"教"和学生"学"的辩证统一的过程。教师"教"的活动有启发、引导、点拨、示范、总结、讲解等。学生"学"的活动有听、读、写、练、观察、思考、记忆、想象等。在教学过程中,两方面是结合进行而不可分的,教学相长是教学普通的规律之一。

(4)教学的因材施教。教师在教学中,注意学生的共同特点和个别差异,从实际出发,有的放矢地进行教学,使每个学生都能得到充分的发展。只有遵循因材施教的教学规律,每个学生的学习积极性才能得到调动,尖子学生的才智可以获得突出的发展,较差生也能在原来基础上不断得到提高。

(5)教学的循序渐进。教师在教学中,按照学科的逻辑体系和学生的认识规律进行工作,把教师循着合理的"序"一步步地"教"与学生循着合理的"序"一步步地"学"结合起来,把教材逻辑顺序与学生认识能力发展顺序结合起来,使学生从不知到知,从知之较少到知之较多,日积月累,逐步地掌握系统的基础知识和基本技能。教育史上逻辑顺序和心理顺序的争论,传统的系统原则、量力原则所反映的规律性的知识,程序教学的经验,语文教材体系的讨论,等等,为探讨这个规律提供了丰富的经验。

(6)教学中掌握知识技能与发展认识能力的统一性。教学过程,是学生学习知识与发展思维的过程。知识掌握的程度(多与少、优与劣、精与粗,等等),直接取决于思维发展的水平,而知识的获得又反过来促进学生思维的积极发展。所以,现代教学论的理论基础之一是心理学,是与教学必须遵循学生思维发展特点这个教学规律密切相关的。

(7)教学要适应学生生理发展的规律。即要考虑学生的年龄特点、生理特点,考虑到他们的爱好、兴趣,十分重视学生情绪体验在学习中的作用。教学要依靠和利用学生的情绪,又要培养和发展学生的情绪，使学生产生兴奋感、自豪感，体验到成功的欢乐，像赞科夫说的："教学法一旦触及学生的情绪和意志领域，触及学生的精神需要，这种教学法就能发挥高度有效的作用。"

遵循教学规律，还要通过采用科学的教学方法来实现。教学方法要反映教学规律和教学原则，它分为传统的教学方法和新提出的教学方法两类。传统的教学方法如讲授、谈话、讨论、演示、观察、参观、练习等。新提出的教学方法如发现教学法、程序教学法、图表教学法，等等。教学方法种类较多，随着教改实践的不断发展，还会产生许多新的教学方法。要正确地选择和采用教学方法，应注意以下三点：①要根据学科的特点选用适合的教学方法。教材不同，性质不同，所用的方法也就不能一样。如语文常用叙述和描绘方法，化学、物理常用演示方法，等等。②根据教学的任务选用。如果是为了开发智力，就可以用发展法；如果是为了加强操作能力，就用实验和演示法；如果是为了扩大社会知识面和开阔思维广度，就用参观方法或电影、电视教学方法，等等。③要根据学生的年龄特点选用。如，低年级的学生多选用形象直观的教学方法，高年级学生多选用讨论教学法和实验探索教学法，等等。

善于组织教改实验 能够正确地认识教改实验的意义和作用，根据教改的需要选择实验项目，科学地制定并论证教学实验方案，妥善地安排实验教师，并对实验进行经常性的检查和指导。主要表现在以下四个方面：

(1)能够敏锐地捕捉到具有新意的教改实验课题。①了解国内外教育和教学发展的动态，熟悉教改的新形势、新情况、新理论和新思想。能够把本校进行的教改实验与当代先进的教学论和新鲜的教学信息联系起来，给教改实验注入时代的精神和生命的气息，提高教改实验的理论水平和科学水平。②不是机械地照抄照搬外国、外地和外校的教改实验，而是广收博取，融会贯通，结合本校实际，为我所用，为我发展，形成具有本校特点的教改实验。

(2)能够科学地组织和指导教改实验。①形成实验的指导中心。校长亲手抓实验，教导主任深入教改第一线直接指挥实验；由教育理论研究室负责经常性的实验分析研究工作，并指派有教学经验、有创新思想的教师承担实验方案的实施。②经常研究实验进程的状况，注意发现实验提出的新问题，及时解决实验的疑难，排除各种干扰。③坚持做详细的资料记载，包括实验项目、内容、时间、标准以及实验过程中教师、学生"教"与"学"两方面的各种情况，特别是关于教学规律的探索和学生智力的开发等情况，都要一一记入实验档案，并经常对有关数据和资料做定性分析和定量分析。

(3)能够注意教改实验的范围和方法的多样性。①从实验范围来说，可以采用单项单科实验，如数学课堂自学实验、政治课讨论学习法实验，等等。也可以采用包括各科在内的综合性整体实验，探索对各科教学改革都具有指导价值的基本规律和基本方法。②从实验方法来说，可以搞模拟实验、对比实验以及教法改革实验、教材使用实验、教学管理改革实验，等等。

(4)注重对实验过程及其经验的跟踪研究与科学总结。每周有周结，每月有月结，每学期有半年结。注意把经验上升到理论的高度，并把成型的经验及时地加以推广。

3. 知识更新

掌握国内外教育、教学动态　能够通过各种信息渠道，详细地了解国内外教育和教学的现状及其发展趋向。主要包括：(1)中外教育教学理论的新发展、新变化，出现了哪些有代表性的理论家和专家，出版或发表了哪些具有新颖论点的专著文章，在哪些领域有新突破、新发现、新贡献；(2)在发展学校教育和各科教学方面，有哪些引人注目的改革，采取了什么新措施、新手段；(3)搞了哪些新的实验课题，取得了什么成果，等等。了解上述几个方面的动态情况，可以从中掌握中外教育和教学发展的主要方向、战略重点和规律经验，以便从中学习借鉴，端正自己学校的教改方向，加快改革的步伐。特别要注意研究世界上教育和教学改革的整体趋向及其下述特点：(1)普遍重视儿童早期的智力开发，认为儿童早期是人的智力迅速发展的时期，各国普遍加强了幼儿教育，并提前实施小学正规教育。(2)学校教育的阶级区分和职业分化正在逐步减退，由小学阶段开始实行双轨制教育推迟到中等教育后期实行双道分流。(3)教育的普及化和学习的社会化，除青少年教育，还有成人教育。各种各类业余教育、继续教育和终身教育，日益成为社会文明发展的潮流。(4)对人才的要求越来越高，要求专才与通才结合,要求人的适应、应变与创造能力高度发展。(5)教育制度、教育结构普遍进行了改革,实行多样化、多渠道、多形式、多规格办学,并且各级教育之间紧密衔接,各级教育间广泛交叉,城市教育与农村教育交叉,构成了现代立体教育的体系。(6)课程设置及其学科结构日益改革和更新,加强和补充了当代科学技术新成果的知识内容。(7)实行开放式办学,加强了教育与现代生产劳动的联系,加强了学校与社会的联系。学校为社会、为科研、为经济生产服务;整个社会关心教育,参加办学。(8)普遍重视职业技术教育,普通教育职业化,职业教育普通化。(9)教学手段和方法的现代化,运用了电子计算机以及录像、电视等设备。(10)教学、教育效果测量的科学化、标准化。(11)普遍重视教师队伍建设,提高了对教师素质的要求。(12)教学管理现代化、科学化。(13)教育科学研究走在前面,给教育改革提供了理论根据。上述现代教育发展的趋势,决定了现代教育的特点和优点:现代教育科学化、信息化、多样化、高质化的体系,能够适应高度发展的社会生产力水平,造就出大批的应变型、智力型、开创型的建设人才。

善于接受并运用新的信息 能够认识到教育、科学以及文化知识信息,是巨大的智能资源,只有善于接受并运用新的信息,才能开阔人的眼界,丰富人的智慧,提高人的能力素质。在接受和运用新的信息方面,应该做到以下三点:(1)要占有较多的信息量。凡与教改有关的信息,校内外、省内外,乃至世界各国的教改动态、教改新法,都应广为获取,博采众长。以研究现代教学论的信息为例,诸如布鲁纳、赞可夫、巴班斯基、苏霍姆林斯基、维果茨基、根舍因、普莱西等人的著作都要学习浏览。只有保证教改信息的"量",才能提供更多的教改参数和资料,才能在更广阔的范围内进行考察、比较、创造,才能取得高屋建瓴的势态。因此,学校应把图书馆、资料室、研究室、电化设备的建设提到一个新的高度来认识。(2)要注意教改信息的有序性。按照控制论的观点,开放性的系统通过与外界的信息交换来消除内部的熵增,达到有序化和稳定态,这是一系列信息交换、调节、转化的过程。因此,对各国、各省、各地教改经验、理论,不应该搞兼收并蓄,搞材料的"大杂烩",而应对各类教改信息进行分析、对比、筛选,把个别的、分散的信息集中起来,启迪思路,汲取精华,结合自己的实际，创造性地形成自己的总体观念和独异风格，走出自己教改的路子。(3)要注重教改信息的高层次。即注意吸取最先进的教改信息。在封闭的、低层次的信息环境中呕心沥血，只能重复早已过时了的东西，只能"呕"出较低水平的成果。只有讲究信息的分析、选择和高层次，才能获得最高水平的理论和经验。比如，认真学习现代教学论关于"知识结构""智力开发""创造思维""教学最优化"等理论，并结合本地本校的教学改革实际，就能加强教改实验的时代敏锐性和历史感，不断提高教改实验的广阔性、深刻性和灵活性，从而把整体性教学改革推向一个新水平。

关注新的理论和科技成果 具有对新的理论和成果极大的热情和敏锐的发现力、感应力、接受力。在纷繁密集的信息流中，所以要特别注意新理论和新成果，因为它们标志着科学研究的新突破和新境界。新的理论可以开阔人们的思维空间和知识视野，实现认识上的飞跃。新的科技成果作为先进的科学生产力，可以直接转化为应用技术而为人们所用。比如，近年来引人注目的交叉科学、边缘科学以及信息论、控制论、系统论，就是新兴科学，它为研究自然规律和社会规律（包括教育教学规律）提供了新的理论武器，开拓了无限广阔的前景。以"三论"为例，它的主要范畴对研究教育具有重要意义：(1)可以运用系统与要素这对范畴分析教育系统与要素、教学系统与要素，等等；(2)运用结构与功能这对要素可以分析各个学科知识的结构、联系和规律，等等；(3)运用过程和状态这对范畴可以分析学生的认知心理状态、认识心理过程、教师教学过程与教学心理，等等。这就把对教育和教学的认识更系统化、更深刻化、更理论化了。又如，可以根据"最优化教学理论"，改革课堂教学结构和教学方法，创造"最优"的教学效率。可以根据"最近发展区"的理论，使学生看到自己学习的目标，自己智力发展的近景，充分调动学生学习的内在积极性，等等。至于新的科技成果，更是层出不穷，如光纤通讯、能源材料、生物工程、航天技术、遗传工程、海洋科学，等等。关注这些新的科技成果，可以有三点好处：(1)加深对世界新的技术革命的认识，看到各个学科知识相互交叉、相互渗透，自然科学和社会科学走向结合，以及科学、技术和生产一体化的趋势。(2)认识到新的技术革命和新的科技成果大幅度地提高了社会生产力，把人类社会的物质文明建设提到了一个空前的高度，将引起整个社会结构、生产结构、生活结构的变化，从而更清晰地看到现代社会生活的崭新变化趋向。(3)看到技术革命和科技成果对教育产生的巨大冲击和影响，更加明确新的科技革命对教育提出的要求：①增加智力投资，提高投资的经济效果，培养适应新的科技革命的人才；②加强教育同现代生产和现代生活的联系；③不断改革教育以适应科技和经济发展的需要；④努力把新的科技成果及其有关的崭新的理论和知识较快地反映到教材中去，用新的社会科学、自然科学知识开拓新一代的智力，使他们从小就和当代最先进的科学发明和科学成果联系起来，立志将来做出更伟大、更突出的发明创造业绩来。

经常研究新的社会变动在学校的影响和反映 学校是社会的一部分，它必然会受到社会政治经济变化的深刻影响。自觉地关注并研究社会变动的规律、特点和趋势，可以更清晰、更正确地掌握学校发展的方向和道路。就今天的中国和今天的世界来说，有两个值得教育界注目的社会大变动。一个是新技术革命，这是世界范围内的大变动、大改革、大趋势。西方学者普遍认为，"西方国家在20世纪50年代、60年代达到高度工业化以后，现在要从工业社会转入信息社会，或叫做知识、智力社会。信息社会是大量生产知识，'知识的生产力已成为决定生产力、竞争力、经济成就的关键因素'。这些论点，都反映了资本主义国家在工业化后经济和社会变化的一些动向。"另一个是国内整个社会范围内的经济改革（农村经济改革和城市经济改革），城乡经济关系和经济结构出现了重大变化，农村由传统农业向现代农业发展，城市出现了多种经济形式，城市生产结构、产业结构、产品结构以及交换方式、经营方式都发生了重大变化，并由此引起了人们社会关系、社会观念、社会伦理的重大变化。不论是世界范围内的社会变动，还是国内的社会变动，都必将对教育带来了深刻的影响。(1)世界新技术革命以及现在已经突破和将要突破的新技术，运用于生产，运用于社会，将带来社会生产力的新飞跃，相应地也会带来社会生活的新变化。这个动向和趋势值得我们重视，必须以此为机会，采取应战的策略，抓紧应用新的科技成果，发展社会主义的新经济。而在诸项战略决策之中，发展教育的战略占有重要位置。(2)不论从适应新技术革命来说，还是从适应社会主义经济发展的需要来说，发展教育，提供人才资源，已经成为摆在教育改革面前的严峻课题。(3)为了培养具有现代科学技术知识并且富有创造力的新型人才,必须加速学校从"教育——学习型"向"启育——思考型"发展,用现代新兴科学理论和现代科技成果改造学校教育,增强学校智力开发和知识教育的合理化、综合化、科学化、多样化的趋势,并逐步建立起现代化的立体式的教育体系。(4)为了提高教育的适应性和效应性,当前教育发展的重点要抓好师范教育和中等职业技术教育,加强基础教育,适应社会建设对于各种职业技术人才的需求。(5)必须从发展教育的战略高度,加强教育科学研究,研究教育与新技术革命、与经济改革的关系,研究世界上先进教育的发展规律和提供的有益经验,用科学研究推动教育改革,通过教育改革真正改变我国教育的基本面貌并且较快地发挥出它对于经济建设的重大作用。

注意人才预测 为了加强学校干部队伍和教师队伍的建设,并对人才(主要是各科教师和各类干部)的需要、培养、发展做出正确的估计和决策,必须加强对人才预测的研究,了解领导预见与科学预测、领导控制与科学预测的关系以及有关科学的人才预测原理(连续性原理、因果性原理、相似性原理)、科学预测的程序与方法等知识。人才预测研究有四个基础:社会要求、经验思考、情报资料和数学方法。有三个要素:物理模型、数学模型和边界条件。主要方法有四类:(1)直观型预测。主要靠人的实际经验、科学知识和综合分析能力。如头脑风暴法、特尔斐法等。(2)规范型预测。根据社会的实际需要和预想的某种目标,从未来回溯到现在,预测实现目标所需要的时间,采取的办法措施。如关连树法、形态模型法、网络技术和模拟法等。(3)反馈型预测。通过不断反馈,使各种预测互相补充。(4)探索型预测。假设未来发展趋势不变,从现状推向未来,如历史类比法、生长曲线法、趋势外推法、分析模型法等。科学的人才预测,可以使领导者对人才的现状和发展具有战略性的远见,从而增强人才培养提高的计划性、针对性和目标性,保证人才的优良素质和干部教师队伍的不断更新。

4. 实践方法

领导方法 领导者为部署、指导、检查和推动工作所采取的方法。主要有以下几种:

(1)基本领导方法。毛泽东同志指出:"从群众中集中起来又到群众中坚持下去,以形成正确的意见,这是基本的领导方法。"(《毛泽东选集》第三卷,第855页)这种方法是党的优良传统和作风的重要组成部分,是具有中国特色的领导方法体系。这种领导方法的实施产生了许多具体方法:①开调查会法。到一个班级,召集三五个了解情况的学生干部,按调查纲目,口问手写,展开讨论,可以准确迅速地了解到各种问题。②解剖麻雀法。这是采取生动比喻而概括的一种抓典型的方法。通过对一个班级、一个学科的教改经验的调查,取得对全校教改情况的一般了解。③走马看花和下马看花法。这也是形象比喻的说法。"走马看花",即校长要多转几个班级,多走几个教研组,了解一些班级工作和教研组工作"面上"的情况。"下马看花",是说校长要在一个班级、一个教研组多生活一个时期,对情况做较深入细致地了解。④胸中有"数"法。也是一种形象说法。即了解全貌,了解整体,了解来龙去脉,不仅在事物性质上有清晰的认识,而且在事物数量上也有准确地把握。⑤抓中心环节法。即抓主要工作,抓主要矛盾的方法。抓好重点,带动全局。⑥蹲点和种实验田的方法。抓一个学科的教改实验,取得经验,然后指导整个学校的教改工作。⑦抓两头带中间法。抓优秀生和较差生这两头。通过抓优秀生,推广优秀学生的先进经验;通过抓较差生,关怀教育他们,促进他们向先进转化。⑧"弹钢琴"法。即统筹兼顾,各项工作都照顾到,避免单打一,避免工作上的失调。

(2)调查研究方法。做好调查,要有正确的指导思想,深入实际的作风和科学的态度方法。分为:①典型调查。有四个步骤。A. 确立调查目标;B. 选择调查典型;C. 制定调查方案;D. 实施调查。这种调查适合于总结"点上"的经验,推动"面上"的工作。②抽样调查。样本的抽选方法通常有四种:A. 纯随机抽样;B. 等矩抽样;C. 分类抽样;D. 整群抽样。这种调查适合于及时迅速地掌握工作情况。③重点调查。这种调查适合于时间紧而又要了解基本事实的情况。④全面调查。适合于在需要精确地了解总体面貌而又规模较大的普查工作。

在调查过程中,要进行研究和分析,方法有三种:①系统研究方法。从调查材料的整体以及各种材料的相互联系中,把握事物的规律性。②度量研究方法。对具有模糊性的调查材料,做定性定量的研究,以求了解事情的真相。③概率研究方法。运用概率统计法,对调查材料进行统计研究。

（3）科学预测的方法。领导为了对工作做出决策和有效地控制事物进程，需要采取科学预测的方法。科学预测的步骤为：①确定预测目的；②搜集资料；③选择预测方法；④进行预测。方法主要有：①经验判断预测法。主要以经验判断和逻辑推论的方式预测工作的趋向，包括领导个人预测、领导集体预测、专家预测等。②数学模型预测法。把所获得的材料定量化，建立反映事物联系的数学模型，定量预测未来。③模拟实验预测法。模拟实际事物的发展过程，从中取得第一手实验数据，通过对实验数据的统计分析，把握事物的发展规律，并以此预测同类事物在相同条件下发展趋势和状态。此外，还有趋势外推法、历史类比法、目标网络法和树图法等。

（4）系统方法。这是随着现代科学技术的发展而产生的领导方法和管理方法，是根据客观事物具有的系统特征，从事物整体出发，着眼于整体与部分、整体与层次、整体与结构、整体与环境的互相作用、互相联系，求得优化的整体目标效应的综合方法。系统方法的原则、原理是具有普遍指导意义的。①运用整体性原则，可以加深对学校全局工作和整体改革的认识；②运用层次性原则，可以对思想工作、教育管理、教学活动不同层次进行分类研究和分类指导；③运用结构性原则，可以提高探索课堂教学结构和学科知识内部结构的水平；④运用相关性原则，可以帮助我们分析学校校长、党支书、教务主任、各科教师以至学生之间的联系；⑤运用目的性原则，可以帮助我们掌握学校管理和教学改革发展变化的方向；等等。系统方法像个纲，把其他领导方法都提起来，连贯成和谐的一体。

管理方法　按照现代管理理论和管理规律，为实现对工作过程的指导、组织、控制和协调并取得最优化成效所采取的手段。管理方法主要有：

（1）程序管理方法。按照管理过程的科学程序进行系统的管理工作。根据管理学的理论总结，管理过程的程序链是：①了解情况。调查研究，学习方针政策，掌握工作的基本状况和主要事实。②分析问题。对情况进行比较、鉴别、筛选、研究，认识问题性质、特点及发展倾向。③实施决策，拟定计划。根据科学分析和事物发展的规律，正确果断选择某种目标和实现某种目标的最佳途径，并根据决策制定出切实可行或具有科学预见性的方案计划。④组织实施。调动方方面面的积极因素，步调一致，和谐发展。⑤监督检查。考核工作进程情况，发现问题，解决问题，保证质量，提高效率。⑥指导调整。根据进程状况和出现的问题，对有关方案的某些细则和措施进行局部调整，并在新的调整方针的基础上加快工作步伐。⑦总结汇报。经过实践和调整，进行了一个完整的工作进程，及时总结经验，并向上级汇报工作。

(2)制度管理方法。①在全体工作人员中树立制度观念和法规观念。形成有制可依，有章可循，遵制光荣，违制耻辱的良好风气。②建立健全各种规章制度，形成岗位责任制度、考核检查评比制度、奖励晋升制度以及学校行政制度、教学制度、科研制度、后勤制度、学生校规等规章制度的系列。③领导干部在执行制度过程中，要以身作则，率先垂范，带动全体干部教师以主人翁的态度发挥自己的主观能动性，模范地执行制度。④在情况发生了变化以后，要提倡顾全大局的思想，局部服从全局，具体规章制度服从于国家的方针政策，并根据国家和上级机关的方针政策不断修正、发展和完善各种制度。

(3)机动管理方法。教育管理随着情况的变化而变化，具有一定的灵活性，要实行机动管理。①不同学校，情况不同，可以有不同的管理。比如，有的学校师资队伍比较整齐，教师业务水平和自理水平较高，可以实行以年级组为基层组织形式的学校、年级组两级管理；而大多数县乡中小学，由于师资力量薄弱，仍以学校一级管理为主，充分发挥教研组基层组织形式对于开展教学活动的作用。②不同性质的活动可以有不同的管理。比如，对纪律管理、卫生清扫管理，或者因为有校规、校纪规定，或者因为对任务完成的时间要求明确，都可以采取限期的硬性规定的办法。而对于教学质量的管理，因为教师素质不同，班级学生水平不同，加之诸种复杂的原因，所以，不能"一刀切"，做一律的硬性规定，而要区别情况，因人因班而异，采用弹性管理。③不同对象可以有不同的管理。比如，对不同的教师应有不同要求。对老教师，应该关怀、信任，让他们发挥"余热"，发挥"传、帮、带"的作用；对于中年教师，应该大力支持，放手使用，让他们承担教改的重担；对于年轻教师，应该帮助、培训，让他们在岗位上得到锻炼。④不同的工作阶段也可以有不同的管理。比如，一项重大的教学改革实验，开始时，校长、主任和教育研究室的同志，都要参与指导，以利打开局面；过一阶段后，则采取定期了解、检查和听汇报的管理方法；待工作完全走上正轨，并且取得初步经验之后，就可以放手让教师独立进行教改实验了。

(4)信息管理方法。向教职员工及时提供教育动态和教育信息，激发群众对自己工作主动调控的自觉性和积极性。①提供目标信息，用工作的近期或远期的目标系，使广大干部、教师把眼前的工作与未来的目标联系起来，奋斗有理想，前进有方向，工作有奔头。②提供反馈信息，及时总结处室、班组、学科工作，使干部和教师及时了解自己工作质量和教学质量，了解学生的要求、家长的意见和社会方方面面的希望，从而总结经验，提高工作水平。③提供情报信息，及时使干部教师了解国内外教育和教学改革的新理论、新实验、新经验、新成果，汲取精华，博采众长，融为一炉，发展和推动学校的工作。

(5)民主管理方法。广大干部、教师参与管理工作。①民主选举学校各级干部，使愿意为大家办事的人担当各方面工作。②经常听取群众对管理的意见，发扬优点，改正错误。③重大的问题，要经过教务委员会讨论，听取职工代表大会的意见。④广泛争取群众的监督，集思广益，努力调动群众办学管校的积极性，吸收群众中一切有益的建议，主动地迅速地改善学校的管理。

思想工作方法 根据开展工作和完成任务的需要，遵照思想工作的特点、规律和人的心理变化规律，所采取的手段和办法。主要有以下六种：

(1)综合方法。运用多种教育手段，调动多种社会力量进行思想政治工作。比如，采取教育手段、组织手段、行政手段、政策手段、法律手段，等等，把思想教育与政策要求、行为规范、奖惩制度结合起来；同时，调动学校（校长、党支部、团组织、少先队、工会等）、社会、家庭各方面的积极因素、积极力量，构成纵向横向、校内校外思想教育的整体系统，发挥多方位的立体思想教育的作用。

(2)说服方法。通过个别谈心和讲解报告，据之以事，动之以情，晓之以理，深刻分析问题的实质，全面讲明事情的利害，以达到提高认识，明辨是非，以理服人的目的。

(3)灌输方法。马克思主义不能在工人运动中自发产生，必须进行灌输。根据群众的心理和接受水平，采取启发和诱导的方式，生动而又具体地宣传马列主义、毛泽东思想，宣传党的方针政策，进行爱国主义教育和社会主义教育，进行教师和学生的权利、义务、责任的教育，并把这种教育制度化、经常化。

(4)激励方法。通过对某种思想行为的肯定，使这种思想行为得到强化和推广。①进行目标激励。引导教师、学生树立共产主义理想，坚定马克思主义调动他们工作和学习的热情。②进行荣誉激励。对于为班级、为教研组、为学校、为社会做出贡献的人，给予相应的荣誉。可以给予个人荣誉，也可以给予集体荣誉，并把精神荣誉与物质鼓励结合起来。③进行情感激励。通过关心、赞许和鼓励，使之形成信心，形成奋发上进的激情。

(5)科研方法。即把思想政治工作当做科学研究工作，用科学研究的方法进行工作。要对教师和学生的思想动态做系统周密的调查，掌握思想动向的信息流，分析思想问题的性质，研究解决思想问题的办法，总结思想工作的经验，把具体经验上升到理论的高度，从而探索新时期学校思想政治工作的规律。

(6)示范方法。发现先进典型，总结先进典型经验。用典型经验去指导思想教育工作。

教学方法 教师根据一定的教学目的和任务，在教学过程中为了指导学生掌握知识和开发智力所采取的教学手段。

教学方法分为传统教学方法和新教学方法两种。

(1)传统教学方法。①讲授。是教师通过语言向学生系统地传授知识的方法。讲授又分为讲述、讲解和讲读等不同形式。"讲述"侧重于叙述事实和描绘形象；"讲解"偏重于解释事实、观念和论证原理、规律；"讲读"主要用于语文和外语教学，包括朗读、复述、分析课文等。②谈话。在课堂上，教师根据学生已有的知识和经验，具体、明确、深入浅出地提出问题，要学生回答和探讨。③讨论。按着教学的重点或疑点设计题目，有计划、有组织地开展课堂讨论。④指导学生课堂上读书，培养学生自学和分析问题的能力，教给学生读书方法(如学会写批注、摘录、提纲、概要等)。⑤演示。在课堂上，配合讲授或谈话，演示直观教具或作示范实验。要注意讲清演示目的，引导学生运用多种感官，对演示的直观教具或示范实验集中注意，进行仔细的观察。⑥观察。指导学生独立观察和分析某些事物在自然状态中的发生、发展和变化，从而掌握有关这些事物的规律性知识。⑦参观。根据需要组织学生到大学实验室、研究所、实验站、工厂、动物园、植物园参观，将理论知识与感性知识结合起来。

（2）新的教学方法。近年来，一些教育学家和心理学家以及广大中小学教师在教学改革实验中提出的教学方法。有的是某一个学科采用的教学方法，如语文教学的"读读、讲讲、议议、练练"法，外语的情境法，物理化学的探索法，等等。还有的是根据某一理论提出的教学方法，如发现教学法、程序教学法和图表教学法，等等。这些以现代教学论为理论基础的教学方法，具有以下三个特点：①以研究学生科学的学习方法作为创立现代教学方法的前提。黎世法提出的"六课型单元教学法"就是一个典型的例证。他通过调查和实验，总结出了中学生最优学习方法体系：制订计划——课前自学——专心上课——及时复习——独立作业——解决疑难——系统小结——课外学习，后又将其中六个主体环节改为"六课型单元教学法"（自学课、启发课、复习课、作业课、改错课、小结课）。这样，就把学生的全部学习活动以课堂教学的形式，符合规律地置于老师的控制和指导之下。这种教学方法符合学生学习书本知识的客观认识规律，是一种最优学习方式和最优课堂教学方式紧密结合的结构体系。②在教学方法的要求中，既有教法的要求，又有学法的要求。现代新的教学方法，要求教师不仅要使学生掌握好讲授的内容，而且要使学生同时掌握教师讲授的思路，分析问题、解决问题的方法和途径。要学生"会学"，即掌握知识的结构、学习的过程和方法。近年国内涌现出来的诸如"自读教学法""自学辅导法"等等，就体现了这种要求。③以学生学习中表现的思维紧张程度、思维水平和品质作为评价教学方法的基本标准，即现在评价教学方法的基本标准发生了重心的转移——移到了学生方面。

统计方法　为完成研究任务和工作任务所采用的搜集、整理和分析统计资料的专门方法。这种方法分为：

（1）统计调查。是有组织、有领导地搜集能反映现象特征的统计资料的工作，进行统计调查，要确定调查目的、调查对象、调查单位、报告单位，拟定调查项目，规定统一的调查时间或报告时间，设计调查登记表格和编制填表说明。统计调查的方法主要有报告法和直接采访法。按调查的组织形式分为：有统计报表制度和专门调查；有经常调查和一次性调查；有全面调查和非全面调查。

(2)统计整理。对统计材料进行分类、分组、汇总，使之条理化。统计整理的组织形式有逐级整理和集中整理。其步骤和方法为：①对调查资料的完整性、及时性和准确性进行全面检查；②确定分组标志和进行科学的分组；③利用手工、机械或电子计算机汇总各个指标的分组数值和总计数值；④编排统计表。

(3)统计分析。是根据统计资料，分析现象在一定时间、地点、条件下的数量关系，以深入认识事物的性质、特点及其变化规律的工作。常用的统计分析方法主要有：平均分析法、对比分析法、动态分析法、相关分析法等。由于电子计算机的广泛应用，统计方法又引入了电子计算机处理数据和统计分析等内容，统计方法更加现代化了。

实验方法 是根据一定的目的理论假设，利用科学仪器、设备等，人为地控制或模拟某一现象来进行操作和观察，以查明现象发生的原因，各种因素的关系以及某一理论或假设的实际效果所采取的手段。实验主要有定性实验和定量实验两种。定性实验是鉴定某种因素的作用是否存在，某些因素之间是否有关系，是什么关系(如因果关系、并行关系、相反关系)，如物理学中赫兹证明电磁波存在的实验等。定量实验是测定某对象的数值，或求出某些因素之间的经验公式、定律等，如卢瑟福用 α 射线射击金箔等。

实验方法是以现代自然科学技术为基础的科学方法。这种方法可以广泛地应用于自然科学、社会科学、思维科学或新兴的其他科学各个领域。比如，用于心理学研究，实验法可以分为两种：实验室实验法和自然实验法。实验室实验是在人为的情况下，严格控制外界条件而进行的实验方法。在实验室条件下，可以模拟各种工作条件，如飞机驾驶舱，电器控制台等。实验室实验可以使实验在同样条件下重复和验证，得到比较精确的数据。自然实验法是在日常的情况下，对某些条件加以适当的控制和改变而进行的实验研究方法。这种方法比较方便易行。

现代教学的发展，是与科学实验分不开的。每一项新的理论的提出，新的教学方法的采用，都往往是进行科学实验的结果。如苏霍姆林斯基，就在他任职的帕夫雷什中学进行了十多年的实验，提出了他对改革学校教学的系统意见。进行教学实验，可以采取两种基本的方法。①整体实验,即对学校全面系统改革的实验,包括领导体制、教学体制与管理、各科教学以及思想工作等各个方面。②单项实验,如语文改革(一个学科)实验,作文教学改革(语文教学的一个方面)的实验,等等。不论整体实验,还是单项实验,都应具备以下几个步骤:①经过学习教学理论和进行教学现状调查,制定实验方案,规定实验目标,采取实验措施。②为实验提供教师、学生、设备和各个方面的条件。③实验过程中,要加强指导,及时发现问题,及时解决问题。平时注意对实验的观察、考核、分析和研究,搞好材料积累和抽样检查。④实验周期完了要抓紧总结,提到理论高度加以认识。⑤在第二轮实验中考察第一轮实验的可靠系数和利弊,从而完成实验和经验的总结。

(三)能力修养

筹划决策能力　能够根据工作客观进程的发展趋向和矛盾变化的特点规律,根据领导者的科学理论水平和实际工作经验,对事态发展做出冷静的分析和科学评估,正确果断地选择某种目标和实现某种目标的最佳途径。

校长具备的筹划决策能力,应该包括以下四个方面:

(1)保证决策的方向正确性和目的明确性。①决策方向正确性。A. 做出的决策,是从国情、校情出发的,是应时代之需的产物,带有鲜明的时代感和历史感,具有马克思主义的理论水平和政治方向,符合党的路线、方针和政策精神,与党中央在政治上保持一致。B. 决策要符合国家、群众和广大教师、学生的根本利益,反映工作进程的客观需要和大多数群众的历史要求,与国务院、地方政府及教育行政部门颁布的法令、决议和指示精神相一致。C. 在筹划决策的过程中,为了确保决策方向的正确性,能够充分保证党委对学校重大决策提出建议和进行监督的权力。校长要认真听取党委的意见,切实发挥党委在学校重大问题决策的参谋作用,为校长把好决策关。②决策目的明确性。A. 决策目的必须明确,有令可行,有据可依,决不能笼统含糊,否则,无法贯彻执行。B. 决策目的不明确,下达的指示模棱两可,具体工作人员无所适从,无法工作,还会使问题复杂化,给工作带来损失。

(2)能够使决策符合实际情况。①校长做出重要决策之前,一定要对有关事项的现状、主要矛盾、问题症结进行充分的调查,并且在调查的基础上进行科学的辩证的分析,从而使决策建立在可靠事实的基础之上,符合事物发展的客观规律,符合工作发展的实际情况。②不唯书,不唯上,实事求是,具体情况具体分析。能够在遵循中央有关政策方针正确方向的前提下,富于创造性地贯彻上级机关的指示精神,并且根据本地、本校的具体情况,机动灵活地制定有关决策。③能够对外地、外校的经验与实践,进行分析、对比、鉴别、选择,取其精华,为我所用,而不是生吞活剥,机械模仿,生搬硬套,盲目决策实施。

(3) 能够坚持民主决策的原则。①必须形成唯物史观的决策观。明确认识到,决策决不是领导者个人"天才头脑"的灵光闪射,而是对客观事物的规律性反映。所以,领导者的认识水平是有限的,而需要认识的客观事物是无限的,要解决这个矛盾,就必须坚持群众路线,坚持民主参与决策的原则,充分发挥广大教师、学生、家长以及社会方方面面的聪明才智。②对关涉到学校大政方针的重要决策问题,善于通过各种民主组织形式和会议方式进行广泛深入讨论,鼓励百家争鸣,集思广益,鼓励发表独特见解和不同意见,认真听取反对意见,在争鸣与讨论过程中进行对比、筛选和认识上的飞跃升华,从而择善而从之。③充分发挥校务委员会和职工代表大会的作用,使它们对重大决策进行讨论、评价、选优。凡重要决策都在校务会议上拟订方案,然后由校长拍板定论;并切实采纳群众的合理化建议,使职工通过职工代表大会的形式真正行使他们的民主权力。④成立决策机构,如教育研究室、理论政策研究室等,吸收有识之士组成"智囊团",通过这些行家为决策提供最佳信息和最佳决策参数,这是实现学校科学管理的重要条件。⑤有些决策,直接关涉到学生的学习和思想进步,所以还要通过团组织、学生会、少先队等组织,充分听取学生的意见。比如,有的学校为了听取学生对学校整体改革的意见,便在学生中开展了"我当校长怎么办"的演讲,收效甚好。⑥通过家长委员会,广泛听取家长和社会方方面面的意见,增强决策的社会内涵容括力和社会适应力。

(4) 善于使决策程序化、科学化。①能够系统地学习现代决策学,掌握科学决策的基本理论和基本方法,用科学思维方法进行决策,实现从经验决策向科学决策的转变。②能够采取科学的决策步骤：A. 抓住关键目标；B. 掌握必要的信息和材料；C. 做出预测并拟订方案；D. 分析评估；E. 方案选优；F. 实验证实；G. 普遍实施。③使决策具有系统性。能够充分根据大量信息和数据，从整体和全局出发，充分考虑到决策所涉及到的学校整个系统和各处室、班组、学科等相关系统的相互关系和相互作用，实现决策的总体化和综合化。④保证决策的最优化和及时性。A. 在同样的条件下，寻求最低的损失，最小的副作用，最少的阻力，最优的效果，以实现决策目标。B. 条件不具备时，不做盲目冒险性的决策，条件成熟时，不失时机，当机立断，及时决策。⑤能够灵活地掌握不同的决策方式。A. 经验决策。主要是凭借决策者个人的知识和经验而做出的决策。B. 科学决策。在科学的理论和知识的指导下，运用科学的方法所进行的决策。C. 集体抉择。即有权决策的集体会议、投票、举手表决等取决于多数的方法。D. 个人抉择。决策决断由个人做出。总之，能够把经验决策、科学决策、集体抉择、个人抉择结合起来，善于根据不同情况，发挥个人和集体的聪明才智，不断提高决策的水平。

系统管理能力 能够掌握系统论的基本原则和基本方法，把管理看作是一个系统工程，对学校各方面工作实施整体性的、动态性的、有序性的科学管理。具体表现在以下四个方面：

(1)整体性管理。从系统论的整体理论出发，对学校各项工作(教学、思想教育、体育卫生、党团队活动、人事与后勤工作等)的管理，要从整体上进行综合部署，统筹安排。对学校工作各要素(人、财、物、时间、信息)按其本身的性质和内在联系，进行合理组合，有效地规划、组织、指导和控制，使学校整体系统的全员统一观念、统一计划、统一行动，统一纪律，保证各项工作都能为整体目标而协调工作。为了达到整体性管理，必须做到。①制定严格的管理制度和管理办法，建立合理的组织结构，实行分工明确的责任制，保证工作程序的规范化和有效性。②加强思想政治工作，极大地调动师生员工的积极性。③尽可能地应用现代科技成果，改善管理手段。

(2)有序性管理。在管理过程中，能够注意学校工作各部分、各层次、各要素的内在联系，并保证这种联系的秩序性、规则性、规律性，使整体管理中的各部分管理稳定协调，有条不紊，秩序井然。比如，学校进行一项教学改革实验，其指导思想、目标确定、方案选择以及实施过程，都能凭借工作经验和准确信息进行科学预测，领导部门、教研组、教育理论研究室、图书资料室、实验室以及后勤部门给予支持配合，使教学实验沿着既定目标有序地、协调地发展，不断充实，不断提高，从而达到实验的预期目的。

(3) 动态管理。管理不是孤立静止不变的，而是不断变化，不断发展，由原来的管理不平衡达到新的管理平衡，如此循环，推动学校管理工作不断更新。进行动态管理的关键，是要不断地变消极的保守的平衡为积极的创新的平衡。这就要对学校的管理进行改革，改革人事安排，改革管理制度，改革管理方法，做到人尽其才，财尽其利，物尽其用，不断提高管理素质水平。

(4) 最优化管理。在诸多管理方案、制度和方法中，选择最优的管理方案、制度和方法。为此，必须做到：①制定方案时必须对实际情况进行系统的、周密的调查，掌握足够的数据和资料；②经过研究、分析和统计，做出理论论证，订出各种方案，供决策人进行最优化抉择。

思想工作能力 了解新时期学校教师和学生思想状况和特点，根据教师和学生的思想实际和思想工作规律开展思想工作，解决教师和学生的不同思想问题，极大地调动教师和学生"教"与"学"的积极性。具体表现在以下四个方面：

(1) 充分认识思想工作的意义和作用。学校的中心任务是搞好教学，提高质量，培养新时期的合格建设者。培养合格的建设者的重要目标之一，是要使学生具有爱国主义和社会主义思想，这正是学校思想教育工作的基本任务。此外，新型的建设人才需要教师去培养，只有新型的教师才能培养出新型的学生。所以，做好教师的思想工作，充分调动教师的工作积极性，才能从学校最基层保证政治思想工作的落实。

(2) 能够按照学校思想工作的特点和规律进行思想工作。比如，把解决教师的教学思想问题与解决教学具体问题结合起来，通过解决教师的教学指导思想去全面推动教师的工作。同样，要求教师把思想教育因素渗透到教学中去，通过日常的知识教学渗透思想启迪，使学生在潜移默化中受到教育。又比如，考虑到教师的自尊、自爱、自制心理比较强烈,做教师的思想工作宜于贯彻自我教育的原则,鼓励他们树立远大的政治目标,自觉地对自己提出高标准的师德要求。关心他们的政治进步、工作需要和生活困难,爱护他们的积极性、创造性和探求欲,正确地处理教师的心理挫折和有效地维持教师的心理平衡,使他们最大限度地自我调动内潜力和开拓力。而对新时期的青少年学生,则要看到他们受到的各种现实的社会影响以及形成的新的心理特点、新的爱好追求和某些弱点不足,辩证地分析他们的优点和短处,有针对性开展思想教育工作。

(3)采取生动活泼、多种多样的思想工作方式和方法。①多种教育方式:A.系统教育。比如,通过政治课、品德课教学使学生学习哲学、政治经济学、科学社会主义,系统地提高学生的理论水平和思想水平。B.日常教育。通过教学研究工作、党团队活动、教学活动和班主任工作,把思想教育工作经常化、日常化。C.社会教育。引导师生走向社会,到工厂去,到农村去,到科研第一线去,了解社会,接触改革,感受奋发的时代精神,接受新鲜的现实教育。②多种教育方法。根据不同对象、不同特点,采取不同的思想工作方法,如综合方法、灌输方法、激励方法、批评方法、示范方法、科研方法,等等。

(4)善于根据思想工作实际,选择具有代表性、典型性的题目,用科研方法进行科学实验,探索思想政治工作的规律,总结新鲜的政治工作经验。

教学指挥能力 了解教学的原则、方法和全过程,能够掌握教学的进度和发展趋势,对教师的备课、讲课、复习以及第二课堂活动进行有效的指导,及时解决教学中出现的新问题,认真总结教改的新经验,不断提高教学质量。具体表现在以下五个方面:

(1)掌握学校教学体系和内部联系,了解各学科的基本知识和要求。掌握一些学科教材的知识结构和教学要点,明确教学内容上的重点、难点和疑点,能够准确地评价教师的教学状况,发现教法问题,纠正知识讲授上的差错。特别能够敏锐地察觉不良的教学思想和教学倾向,及时地加以引导和纠正,从而掌握教学指导监督的主动权。

(2)了解教学规律,用科学方法指导教学改革。即具有教学第一线的实践经验(教过几年课),懂得教学过程和特点,懂得教学的教育性、间接性、双边活动性、因材施教、循序渐进、启发式等教学规律。了解教师的教学心理和学生的学习心理,按照教学规律和学习规律去指导教学。既发挥教师的主导作用的积极性,又发挥学生主体地位的积极性;既系统地传授基础知识,又全面地开拓学生的智力天地;既注意总结教师科学教法的经验,又注意总结学生科学学法的经验,不断提高教学的效用和质量。

(3)能够统筹教学工作的全局、全过程,善于运用以点带面的指导方法。①掌握全校各科教学的总体情况和主体趋势,了解哪些学科教学质量较好,哪些学科教学质量较差,了解哪些学科教改有所进展,了解哪些学科教改没有起色,从而对教学全局做到成竹在胸、心中有数,能够抓住主要问题和主要矛盾,始终把注意力集中在带有全局性的问题上。②掌握各科教师从备课到讲课,从评课到复习、第二课堂活动的全过程以及各个环节的相互衔接,针对不同环节的性质不同、任务不同,给予不同的指导,特别是注意对薄弱环节的指导。③善于抓典型,总结一个教师、一个学科、一个单元的教学经验,或搞观摩课,或搞经验交流会,或搞学生知识能力的测验,用以推动整个教学工作。

(4)善于组织教改实验,进行单项的或整体性的教学改革。用教学实验的方法指导教学,形成实验的领导中心,实行对实验的科学指导。注意总结单学科的和总体性的教学改革实验,探索培养学生创造型思维品格的教学途径,探索面向全体学生,大面积提高教学质量的基本经验。

(5)建立"信息——情报"系统,建立教学理论研究室,加强对校内外教改信息的收集、分析、研究和汇总,形成良好的、流畅的教改信息流,从而用新的教学论、新的教学思想、新的教改信息去指挥教学,实现教学指挥的信息化、科学化。

活动组织能力　　能够根据既定的任务和决策目标,有效地运转管理机器,调动各方面力量,沟通各种渠道,形成强有力的组织实施,把学校的计划和领导的决策变成群众的自觉行动。活动组织能力主要包括以下五个方面:

(1)善于把领导的思想变为群众的共同思想。①领导要采取适当方法和形式把自己的工作总体思想和全局谋划讲给教师,广泛听取意见,并启迪他们的认识,逐渐缩小领导与群众认识的差距,使教师理解领导的意图，产生思想上的共鸣和行动上一致的要求，从而形成全校共同的行动观念和协调的现实行动。②善于用中央的方针政策和上级领导部门的指示精神发动群众，调动群众的自觉性和积极性，开创工作的新局面。

（2）善于统观全局和通盘考虑。①统观全局。能抓住工作整体目标，把注意力和中心点投放在大局上，不为个别问题分散精力，不为琐细枝节纠缠身子，而能抓住学校工作主体，以高屋建瓴的气魄，富有开拓性地开展工作。②通盘考虑。在抓大局、抓整体的同时，又要考虑到各个方面、各个层次、各个角度，"眼观六路，耳听八方"，学会弹学校这架大"钢琴"，不忽视薄弱环节，不出现工作死角，使学校各方面活动和谐整齐，全面展开。

（3）善于把自己的管理系统组成一个健全的有效的运转机构。①建立坚强的领导核心，主要领导和领导成员之间信念一致，情感和谐，相互尊重，相互支持，团结融洽，齐心协力。②形成系统的管理层次，从校长到主任，到各班、组，层层分工明确，尽职尽责，确保领导意图贯彻畅行无阻。③及时发现工作中的问题，排除干扰，克服困难，保持学校正常的、良好的秩序。

（4）知人，识人，善于用人。①全面了解干部、教师的素质、能力、情况，知人善任，人尽其才，职位相当，用其专长。②善于发现组织管理方面的人才，使学校各级管理干部精明强悍，提高整个学校的管理水平和组织活动能力。

（5）善于协调各方面的人际关系。①把学校内部的各种关系理顺，增强同志间的友谊，使广大教师干部心情舒畅，精神振奋，和谐地工作。②把学校与社会方方面面的关系理顺，打开对外通道，开拓学校的社会联系渠道，争取社会方方面面人力、财力、智力和舆论上的支持。③在校内工作上和校内与校外关系上出现了临时异常情况，能够灵活运筹，随机应变，化消极因素为积极因素，推动学校工作正常开展。

探索改革能力　比较了解教育的现状和发展趋势，懂得教育的特点和规律，能够清晰地看到传统教育的局限和问题，并善于根据现代教育理论和教改具体实践，发现新情况，接受新思想，提出新课题，进行全面的、系统的、整体的改革，实现从传统教育向现代教育的转变。主要表现在以下五个方面：

(1)注重学习当代教育理论和教学理论，注重研究教育心理学、教育社会学、教育经济学、教育未来学等新兴教育科学，能够深刻理解教育与社会、与经济、与现实、与未来的关系，充分认识到教育改革的必要性和重要意义。并且能够摆脱传统教育思想的束缚，自觉地接受现代教育理论观点，形成解放思想、锐意创新的改革意识，从个别项目的实验转向整体的改革，从只承认常规责任转向承认面临的挑战性形势，从面向过去转向面向未来，从而为探索改革奠定思想基础和理论基础。

(2)在调查研究的基础上，能够对教育的总体形势和本校现状做出清醒的客观的分析，准确地发现学校管理和教学工作的主要矛盾、主要问题、主要弊端，选准改革的契机和突破口，详细地制定改革方案和具体措施，积极地开展舆论宣传工作，争取校内校外广泛的理解、支持，从人力、物力等方面为改革创造有利的条件。

(3)善于组织改革探索性实验。根据改革课题和方案，参照外地、外校各种教改实验的信息，形成实验的指导中心。指派得力的实验教师，对实验过程进行科学的组织和指导，认真做好实验的资料和数据的记录、整理和分析工作。

(4)勇于求索，不怕失败。①不断更新自己的观念，不断更新自己的知识结构。除接受现代教育科学观点之外，还能注重学习吸收现代自然科学新成果的营养，学习借鉴信息论、控制论、系统论的研究方法，从而形成崭新的工作方式，深化整体与系统的观念。注重进行科学预测，掌握教改发展的进程和趋势，并根据实践与预测及时对改革重大问题做出决策，不失时机地推动改革向前发展。②对改革的困难和不利条件有充分的精神准备。不以尝试的最初成功而自满，也不以实验和改革中出现的曲折而气馁。不怕失败，不怕挫折，善于从失败和挫折中汲取经验教训，开拓出改革的新局面。

(5)善于总结经验。把探索和改革的实践上升到理论的高度，提高改革的计划性、目的性和自觉性，提高改革的水平，开拓探索的深度和广度。

(四)作风修养

深入实际，把握全面情况 能够注重调查研究，深入学校管理、思想工作和教学第一线，掌握学校整体工作和方方面面活动的现状、主要矛盾、主要问题及其变化发展趋势。具体说，应该包括以下三个方面：

（1）了解学校的纵向发展情况。通过调查和校史以及其他材料，了解学校建立及其发展变化的自然情况。学校的最初规模、领导建制、教职员工、班级数额以及各方面的基本情况。特别是要了解学校在过去的历史中曾经进行过什么改革，发生过什么重大变动，有哪些领导、教师做出了有文字记载的突出贡献，培养出了哪些至今在社会建设中已露头角的人才，等等。在掌握学校自然历史的基础上，要着重了解研究学校的现状和发展：近年来学校发生了哪些深刻变化，进行了哪些基本建设和改革实验，学校的领导体制和师资队伍基本状况如何，学校的教学秩序和教学质量如何，根据社会主义新时期学校的任务，制定了哪些改革与发展的方案，科学管理和教改实验的目标是什么，学校提高教学质量采取的方法步骤有哪些，学校在最近五年、十年、十五年的发展蓝图是什么，等等。总之，要掌握学校的过去——现在——将来的发展脉络和趋势，熟悉学校走过的历程和未来的奋斗目标。

（2）了解学校横向联系的情况。学校工作是一个整体，是一个系统工程。校长对学校工作，要胸有全局，对各个层次、各个方面、各个领域的情况做到心中有数。从各方面来说，有学校领导工作、政治思想工作、教学工作、后勤工作，要了解各个方面工作的进展状况及存在的主要问题。从层次来说，以学校的思想工作为例，有领导成员的思想工作，有教师的思想工作，还有学生的思想工作，各个层次对象性质不同，特点不同，存在的问题表现形式不同，做工作的方法也应该不同。校长了解学校各个方面、各个层次的情况，主要是按照层次系统展开的规律，掌握诸种因素、诸种关系互相依赖、互相支持、密切配合、协调一致的情况和存在的问题。

（3）了解学校整体系统的核心部分和重点工作、薄弱工作的情况。在把握全面情况的过程中，既要做到统筹兼顾，又不能平均使用力量，而必须从全面掌握中突出重点，注意抓以下三个方面：①要十分重视了解领导班子成员的思想工作情况。人们常说"关键在领导"，领导成员的思想状况如何，直接关系到领导班子这个"司令部"的功能效率问题。所以必须注重了解每个班子成员及其相互关系的情况，及时发现问题，及时解决问题。②要密切关注了解学校当前着手进行的重点工作。重点工作情况如何，直接关系到学校能否打开新局面的问题。比如，学校领导体制改革的问题、整体性教学改革的问题，都是关系重大、影响全局的"重点工程"。必须深入实际，认真调查，掌握各种信息资料、数据参数、进展效率以及提出的新情况、新问题，及时发现先进典型，总结先进经验，以点带面，推动工作。③特别要注意了解薄弱环节的情况。不解决薄弱环节，工作就无法全面开展，甚至还要钳制其他方面的工作。所以，要善于发现薄弱环节，及时了解造成工作薄弱的原因及主要表现，以寻求办法加以解决。

注重效率，善于打开局面 能够熟悉工作的现状、特点及其发展规律，讲求科学方法，提高单位时间完成的工作量，不断改革，不断探索，把工作推上一个新阶段。具体说，应该包括以下三个方面：

(1)努力学习理论，不断提高领导素质和水平。就当前教育和教学改革来说，领导干部仅仅满足于传统的工作方法和已有的经验，"日出而作，日落而息"，按部就班地按照积习已久的工作秩序和生活习惯，是无法做到提高效率，有所开拓的。因此，领导干部必须摆脱传统工作方式的束缚，立志改革，锐意求新。这就必须首先掌握武器，领导干部要带动教师认真学习现代管理理论和教学理论，了解世界新技术革命带来的新成果、新知识，用新的理论指导教育改革实践，努力掌握教育改革的特点，不断总结教改的新鲜经验。这样，领导的思想观念更新了，工作方式方法改革了，知识结构系统化了，指挥和管理现代化了，也就能以较快的速度、较好的质量，取得学校整体改革的新成绩了。

(2)遵守工作规律，运用科学方法。在掌握了有关改革工作的理论和知识的基础上，能够深入调查、分析、研究教育和教学改革本身的客观规律，了解教育和教学改革的性质、特点、方式和途径，遵照教育和教学改革的规律去进行教育和教学改革。比如，遵照教育的发展必须适应经济发展需要，学校培养建设人才必须贯彻全面发展和面向全体学生的方针，思想政治工作必须符合学生的生理特点和心理特点，教学中知识教育和智力开发必须统一，课堂教学必须发挥教师主导作用和学生主体地位两个积极性，教学形式必须开辟第一、第二两个渠道等等规律，就可以使主观思想与客观实际统一起来，使教改方案和教改实践统一起来，这就为工作顺利开展，打开局面奠定了基础。当然，规律找到了，还要有科学的工作方法。如果还是运用传统的、陈旧的工作方法，就无法适应新的教育和教学规律。所以，工作方法也要革新。比如，运用控制论方法统筹改革的全局工作，用系统论的方法处理学校诸种矛盾关系并实现动态平衡，用反馈法管理学校的教学质量检查，用信息法提供教改的新动态和新趋势，用统计和定量定性分析对教学水平和学习水平进行评估，等等。新的工作方法凝结了现代科学的知识成果，具有科学性和先进性，可以大大提高工作速度和质量。

（3）灵活地掌握领导艺术。能够从容自如地把握工作的主体和重点；科学地运筹时间，合理地安排工作程序，提高时间利用率；善于运用会议，注重提高各种会议的质量；善于运用权力，有效地调动和督促方方面面人员的工作积极性；等等。

协调关系，调动方方面面的积极性 能够全面地掌握各部门人员的思想性格特点，善于解决人与人之间、部门与部门之间的矛盾，使所有的人、所有的部门朝着共同的目标齐心协力、步调一致、奋力向前。具体说，主要表现在以下四个方面：

（1）形成全校工作的统一信念，统一目标。只有共同信念、共同目标，才能产生共同行动。学校领导要善于根据社会形势和学校工作的发展，特别是根据学校教育和教学改革的发展形势，形成全校近期和远期的奋斗目标。围绕着这个共同目标，把学校方方面面的工作人员组织起来，调动起来。

（2）正视矛盾，妥善地解决矛盾。学校工作千头万绪，情况在不断变化，随时会出现新的问题、新的矛盾。一方面，学校领导不能害怕矛盾、回避矛盾，绕着矛盾走。躲避矛盾并不等于矛盾解决，长此下去必然会造成人心涣散，关系紧张，纪律松懈，使学校领导无法正常开展工作。另一方面，学校领导也不能采取简单化的方法解决矛盾，甚至激化矛盾，这样做只能把事情搞坏。正确的做法，是客观地正视矛盾，冷静地分析矛盾，坚持原则，分清是非，使干部和教师齐心协力地搞好工作。

（3）统筹兼顾，面向全校，面向全体干部、教师。领导手下有几个

"智囊人物"辅佐是必要的,抓一两个部门或班级作为工作重点也是必要的,但是不能只听几个人的意见,不能只调动一两个部门的工作积极性。而应广泛听取全体教师干部的意见,调动方方面面的积极性,主要包括以下三个方面:①注意调动领导班子成员的积极性,使领导班子成员信念一致,相互支持,形成思想行动高度统一的指挥中心;以领导班子的团结一致为基础发展为全校师生员工的团结一致。②注意调动干部、教师的积极性,包括从事教学工作的教师,从事党团工作、行政工作或后勤工作的干部,使学校工作机器的各个部件和谐一体,高效率运转。③调动学生的积极性。不仅调动他们自身学习的积极性,而且调动他们关心学校改革,发表改革建议的积极性。

(4)注重发展与社会各方面的关系。随着社会改革的发展和生产力水平的不断提高,教育日益社会化,学校与社会经济部门、生产部门、科研部门的关系越来越密切。所以,学校要加强与社会各个方面的联系,充分调动各种社会力量关心学校的教学改革,并为学校提供资助和各种方便,使学校教育朝着社会化、现代化的方向发展。

依靠群众,实行民主管理 相信群众,依靠群众,把学校事业看成是群众共同奋斗的事业;全面地、虚心地听取群众的意见,发挥群众管校的聪明才智,并逐步形成一套群众民主管校的制度和经验。具体说主要包括以下三个方面:

(1)要扎实地树立民主管理的思想。明确认识到教职员工是学校的主体力量,是学校的主人。校长与教职员工之间是平等的、合作的同志关系。让广大教职员工参与学校的民主管理,是对他们当家做主的权利和地位的尊重,是搞好学校管理的重要条件。

(2)建立健全群众参与民主管理的制度。①有关学校的大政方针、规划决策,必须经过校务委员会的集体讨论,并听取全校职工代表大会的意见。②使学校思想工作、教学改革、教学研究工作制度化,对每年、每学期、每月活动做出具体规定和安排。③使学校的"献计献策会"和生活会经常化,随时采纳干部教师的合理化建议,随时听取批评,改正工作缺点。④成立咨询机构(教育理论研究室、教学调查研究室等),吸收经验丰富、思维敏捷、有改革头脑的教师参加,经常听取他们的意见和建议。⑤要通过团组织和学生会以及其他形式,发动学生参与学校管理,并且实行学生自己教育自己、自己管理自己的办法,真正把他们看做是学校管理的一支重要力量。

（3）实行民主集中制。在民主管理过程中，领导要发挥提高、教育、引导、批评的综合作用。对群众某些不切实或一时无法实现的意见要求，要给予必要的解释和说明，对一些错误的意见，要进行教育和引导。对错误的行为和无理纠缠要进行批评，决不能把民主管理变成"尾巴主义"。

多干实事，努力为群众服务　能够深刻理解"领导就是服务"的观念，树立全心全意为人民服务的思想；深入实际，踏踏实实，一件一件地办好学校的事情，并想群众之所想，急群众之所急，从政治上、思想上、生活上关怀教师、学生，为他们的工作和学习创造条件，排除困难。具体说，主要有以下三个方面：

（1）在领导班子内树立注重务实的好作风。领导以刻苦学习、刻苦实践为光荣，以饱食终日、无所事事为耻辱。坚持踏踏实实，兢兢业业，一步一个脚印地干工作，不沽名钓誉，不热衷形式主义，不摆花架子。只有领导思想作风务实了，才能抓到工作的实处，干到工作的实处，才能发现群众的疾苦，并主动地去解决群众的疾苦。

（2）在领导班子内建立为教学第一线服务的观念。教学是学校工作的中心，教师是学校的基本群众。在学校，领导为群众服务，主要是为教学服务，为教师服务。教师在教学上有什么困难，缺乏哪些知识本领，怎样帮助他们自学和进修，怎样帮助他们学会备课和讲课，怎样指导他们逐步提高教学艺术和教学质量，等等，这都是校长的分内工作，也是校长实现服务的重要内容。校长为教师的教学服务，教师为学生的学习服务，层层服务质量提高了，抓实了，学校工作也就有起色了。

（3）在一个时期内，对关系到全校师生员工切身利益的事情和工作进行排队分类，把其中最迫切和最困难的事项突出出来，然后集中精力和人力，说干就干，一抓到底，迅速地把它解决好。比如，教师学习与备课资料缺乏，便节约开支，拨出专款，购买图书，订阅报刊，较快地把资料室建立起来。教师中双职工上班，生活有许多不便，学校便把教师食堂办起来，把校办工厂或校管田园中的一部分利润拿出来，作为教师菜金补贴，解决教师的午餐。并在学校办起幼儿园，使双职工的小孩教育有了着落。

抓好典型，搞好跟踪实验　能够在调查研究的基础上抓准具有代表性、典型性的实验项目，并自始至终坚持对实验的观察、分析、研究，最后写出实验报告，总结带有规律性、针对性、指导性的实验经验。具体说，主要包括以下五个方面：

(1)要选好实验项目。实验项目的选择标准有：①具有代表性。通过一项实验可以取得多项普遍适用的经验。比如，通过语文课堂讨论的实验，其经验对于开展道德与法治课、历史课的课堂讨论具有同样的指导意义。②具有迫切性。实验项目是教学工作中的难点和关键之处。比如，初中语文三年过关实验，其实验目的和主要内容，是使初中生在三年学习中基本实现达标，提高听、说、读、写的能力。这是解决语文教学的"老大难"问题，取得有益的经验，对于全面提高语文教学质量具有重要作用。③具有普遍性。实验的经验对于城乡学校都具有指导和运用的价值，如"黎世法教学法"，现在许多城乡学校都在进行实验和推广。

(2)要有科学的理论指导。①学习现代教学论，正确理解教学过程及特点，正确理解教法与学法的辩证关系，建立崭新的教学观念、质量观念、学生观念、学习观念，把教学实验牢牢地建立在探索教学规律和开发学生智力这个基点上，从而确保跟踪实验的先进性和高层次。②学习系统论、控制论理论，把跟踪实验看作是一个系统的动态的过程。根据反馈控制的原理，采取定向控制、程序控制、条件控制等方式，把校长和教师、指导实验和进行实验统一起来，随时发现实验的缺漏，随时研究实验提出的新情况，并在实践的基础上不断完善、修改、补充跟踪实验方案，使实验沿着正确方向和轨道发展。

(3)要注意吸取大量的、有序的教改信息。跟踪实验有其明确的实验内容和步骤，但实验的过程不是封闭的，而是开放的。要把跟踪实验置于广阔的教改实验的背景之中，经常与其他同类或不同类的学科实验进行比照，从对比中吸取其他实验的有益养料，补充自己，丰富自己，发展自己。

(4)自始至终注意科学记录和统计分析。要坚持对跟踪实验的同步观察，做详细的情况和数字的记录，认真积累原始素材和第一手材料，经常进行定量和定性分析，及时做好阶段小结，把大量感性材料上升到理性认识的高度。

(5)跟踪实验完成一个过程，应及时召集教师以及其他各个方面有关人员，进行群众性的讨论、研究和总结，努力写出有理论水平、有丰富材料的实验报告或文章来。

(五)品格修养

正派无私，工作第一 以党和国家利益为重，以集体利益和全局利益为重，正确处理个人与工作的关系，努力工作，多做贡献，不搞假公济私、以权谋私。主要表现在以下五个方面：

(1)对学校工作的意义、目的、性质和原则有深刻的认识，把校长工作职权看做是党的信任和人民的委托，时时刻刻想到自己的责任，把搞好学校管理，进行整体性教学改革，提高教学质量，为国家培养合格的建设人才放在第一位，不计较个人的得失恩怨，不追求个人的名利荣誉，不以校长之权为自己谋取特殊利益。

(2)以工作质量和贡献大小定是非，奖优罚劣，赏罚分明。使真干工作、真有才学的人壮志易酬；使不干工作，没有学问的人没有市场。

(3)坚持思想工作原则，坚持工作高标准，坚持五湖四海的用人方针和用人路线。

(4)待人处事，一视同仁，无亲无疏，主持正义，为人正直，有强烈的是非感。对学校中的好人好事，敢于旗帜鲜明地加以支持；对坏人坏事和不正之风以及片面追求升学率等弊端，敢于旗帜鲜明地加以反对。

(5)在处理个人与他人关系上，能够先人后己，大公无私。在个人利益与集体利益发生矛盾或冲突时，能够以国家利益和集体利益为重，勇于牺牲个人利益，为人民教育事业鞠躬尽瘁，贡献一生。

为人师表，严于律己 在工作和生活中，时时处处注意自己的言谈举止和各方面影响，能够在思想、品格、道德和情操等方面对自己提出高标准严要求，并且在实践中身体力行，率先垂范，为教师做出榜样。主要表现在以下四个方面：

(1)努力工作，兢兢业业，不倦不止，锐意创新。能够自觉地把远大目标与平日工作结合起来，认真学习教育理论和教学理论，潜心钻研学校管理和教学改革工作，具有一种不畏艰难，勇往直前的锐气，努力在工作上有所发现，有所开拓，有所贡献，成为教师工作和学生学习的榜样。在搞好改革和探索的同时，又善于调动教师、学生的积极性，充分发挥他们的聪明才智，关心他们的生活和困难，想方设法为他们排忧解难，成为教师学生的好带头人和知心人。

(2) 言行一致，以身作则。时时不忘自己的身份，处处不忘自己的责任。认真贯彻理论联系实际的作风，办实事，说实话，注重信誉，注重影响。"学校无小事，处处有教育"。凡是要求教师做到的，自己首先要做到；凡是要求教师不做的，自己坚决不做。比如，当前一些学校片面追求升学率的倾向比较严重，直接影响到教育质量的提高。而解决这个问题的关键在于学校领导必须首先端正办学指导思想。领导认识明确了，态度端正了，再去要求教师解决教学思想问题，就有说服力了。

(3) 言而有信，光明正大。校长一心为公，一心为校，除了学校的集体利益，他没有任何特殊的私利。无私则无畏，他敢说敢做，敢当敢为，敢于对自己的言行负责，决不推诿，决不敷衍塞责，决不搞两面派行为。他所做的一切，除了党内机密和工作特殊需要之外，都是可以公诸于众的，堂堂正正，明明白白，公平正派，胸襟磊落，并以此赢得师生的信任，具有真正的权威作用。

(4) 具有严于律己的自我意识。能够按照党的领导干部标准要求自己、评价自己，具有自知之明，善于自我调控，做到自知、自悟、自制。

意志坚定，充满生气 具有牢固的忠诚人民教育事业的信念和昂扬的革命乐观主义精神，积极工作，勇于创新，孜孜不倦，充满活力。在困难和挫折面前，不动摇，不气馁，目标明确，奋斗不渝。主要表现在以下三个方面：

(1) 能够把远大的政治思想与现实工作紧密结合起来。坚持正确的政治方向，愿意把自己的一生献给培养造就人才的教育事业。自觉地把校长工作与党的奋斗目标联系起来，把学校与社会主义建设联系起来，勤勤恳恳，兢兢业业，努力做好工作。

(2) 能够具有开拓者的眼力和胆识。对世界新技术革命和国内广泛深刻的社会改革具有敏锐的感应力和理解力，对社会改革充满时代的激情，对事业开拓怀有强烈的创造欲，对学校教育的发展抱着大胆的探索精神。敢于承担重任，敢于标新立异，敢于冲破传统观念的束缚，具有"艰难险阻无所惧，越是艰险越向前"的魄力。

(3) 在工作、生活中朝气蓬勃、开朗热情、爱好广泛、兴趣多样。

能够正确对待工作困难、事业挫折、暂时失败、被人误解和个人的种种不幸，深刻地了解社会生活的纷纭复杂性和工作的艰难曲折性，善于化消极因素为积极因素，变被动局面为主动局面，并且在艰难曲折中不忘学习，不停探索，不放弃自己的工作责任。始终保持领导干部的政治坚定性和思想纯洁性，高风亮节，纯正无私，以全心全意为人民服务，全心全意为师生服务为最大快乐。

襟怀开阔，不存芥蒂 在待人处事中，能够具有高远的视野和广阔的胸怀，光明磊落，纯正无私，毫不计较个人恩怨得失。主要表现在以下三个方面：

（1）能够树立远大的理想，有自己工作和事业上的大目标。"欲穷千里目，更上一层楼"。因为高瞻远瞩，视野就邃远，思维就开阔，胸怀就坦荡。这样，在工作或生活中遇到一些不顺利、不愉快，就不会焦躁苦闷、积郁在心，而是开朗乐观，想得开，放得下；不忧其忧，其忧自灭，始终保持乐观坦荡的心境。

（2）对党忠诚，对组织信任。可以把自己的一切交给党，对党对人民赤诚纯正，没有任何隐瞒，没有任何保留。

（3）能够听取不同意见。对于反对自己或者背后说过自己坏话的人，不记仇，不怨恨，不报复，不打击，没有一点"秋后算账"的意识和心理。而是严以律己，宽厚待人，诚挚地帮助教育同志，并且同样重用那些改正了错误而又确实有真才实学的同志。

埋头苦干，谨慎谦虚 能够根据奋斗目标，踏踏实实、勤勤恳恳、任劳任怨地工作，不图名，不逐利，不虚夸，不骄傲。主要表现在以下四个方面：

（1）具有老黄牛的实干苦干的奋斗不懈的精神。领导要制定方针政策，要规划大计蓝图，要行使调动指挥之权，但决不是浮在上面打空炮，只让别人干而自己闲着。领导要干实事，真正顶岗顶位地干工作。要深入实际，调查研究，掌握第一手材料，真正了解学校管理和教学工作的规律，亲自过问并解决教学中出现的问题，亲自做教师和学生的思想工作，以自己的模范行为带动全校师生树立起艰苦奋斗、勤奋朴实的校风。

（2）能够埋头于改革事业而苦干实干，奋发向前。校长要时时处处以身作则，事无巨细都要注意到，但又不是把自己降低为普通老百姓，终日被缠身于琐碎事物中而成为辛辛苦苦的"事务主义者"。校长要抓大事，抓根本，抓改革。为了开创学校改革的新局面，勇挑重担，不怕艰难，不辞劳累，倾注全力。埋头学习新的管理科学和新的教学理论，埋头探索教学改革的新途径，成为科学型、智力型、开拓型的校长。

(3)坚持实事求是精神，坚持按科学规律办事。工作不浮夸，不做假，而是从学校实际出发，因班而异，因人而异，因事而异，对具体情况进行具体分析。探索必须有事实根据，改革必须符合教学规律。在科学规律面前不能有半点急躁和鲁莽，而要采取谨慎的态度。改革要有调查，要有步骤，要走一步看一步。同样，对人对事的处理，也要搞清事情的始末原委，做到有理、有利、有节，而不是草率从事。

(4)严以律己，防止骄傲。能够严以律己，宽以待人。辩证地认识自己的优缺点，虚心听取群众意见，正确处理个人与党、与集体、与群众的关系，做到自知、自制、自省、自强。

心地热诚，急人所急 对同志感情深重，满腔热情，能够真诚地关心同志和帮助同志解决困难。主要表现在以下四个方面：

(1)对教育事业怀有深刻的信念，并且由这种深刻的信念产生了一种强大的精神力量和火热的感情，关心与自己同事业、同目标、同奋斗的战友伙伴，这是建立在共同事业心基础上的纯厚真诚的感情。

(2)具有"专门利人，毫不利己"的崇高风格。遇事待人，先替别人打算，先人后己，公而忘私，大公无私。处处想到别人的需要，常常不忘别人的困难。比如，帮助教学困难的教师弄到教学参考资料，帮助生活困难的教师解决实际问题，帮助家里有重病人的教师求医买药，等等。

(3)具有自我牺牲的精神。在福利待遇等生活方面，能够想到群众的迫切利益，把各种好处和方便让给别人。

(4)在社会交往和社会联系中，不搞小团体主义，能够从大局着眼。外校急需的科学实验资料，不保留，不封锁，主动转让，大力支援；外校急需的教学人才，不控制，不垄断，积极派出协作攻关，人尽其才，物尽其用，甚至在兄弟学校某个学科教师严重不足时，还能根据自己教师队伍的潜力，主动派出教师加以支援，急人之难，助人之需，实现校际的人才流动。

第二章 校长的工作须知

第一节 基本经验 12 条

1. 集中精力，控制全局

几乎没有哪位校长不懂得控制全局的重要性。"整体大于部分之和"这一条原则已经得到公认。学校要实行科学管理，提高工作效率，提高教育质量，就必然要突出系统的功能，完成整体运行的协调性。在学校里，每一个部门、每一个成员的工作过程，都表现出相对独立的功能。只有把这些局部和个体都纳入到统一的、系列化的整体运行中去，作出协调一致的安排，这些局部和个体才能够充分发挥各自的作用，各个局部和个体之间的工作互相成为依存和促进的条件，而避免互相的掣肘和抵消，使整个学校工作收到最大的效益。如果不能使这些局部和个体得到必要的配合条件，不能做出协调一致的安排，学校的整体工作就很难搞好，各个局部和个体也很难得到充分的发挥。因此，校长讲究工作艺术，头一条就是能够在头绪繁多的基层工作中竭尽全力去抓全局，并且能够迅速地、牢固地控制全局，推动全局。

（1）什么是学校的全局

学校的全局指的是学校整体工作运行的结构和动态。学校必须要在校长的主持下制订长远的规划和学年工作计划，必须在校长主持下制订、修改和健全常规工作过程中的规章制度，还必须在校长主持下确定组织机构，任用教师，明确分工，组成教学和思想教育工作队伍的布局，组成指挥和反馈系统，完成教学辅助和后勤供应的部署。这就是学校整体工作运行的结构。在这样的结构中，由校长统一指挥，意在发挥职能部门的作用，层层推动，使全校整体工作结构所有的部分都能按照预想的方式顺利运行。但是运行的功能会是怎样的呢？是在逐渐强化，还是在逐渐减弱呢？运行的倾向又会是怎样的呢？是在趋于良化，还是在趋于恶化呢？这种学校整体工作结构运行的功能和方向的趋势就是它的动态。运行动态经常取决于运行结构，又经常是运行结构健全程度的反映。这两者相联系，就构成了学校的全局。

认识了什么是学校的全局，注意到动手去抓全局，还不等于已经控制了学校的全局。在完成学校整体工作的初步布局以前，校长应该在了解学校情况的基础上把精力放在计划、决定校整体工作的初步布局以后，不可以认为这是"一劳永逸"了，还有更多的事要做。这是因为：①正中布局是不是恰当，还有待于运行结构的动态的体验；②随着客观事物的发展变化，未来的计划、规定、机构、人员分工也都必然随时有所调整。因此，切不可以为眼观全面、抓抓薄弱环节就会控制全局了。

(2) 控制全局的关键是什么

控制全局，不能简简单单理解为面面俱到，也不能简单地理解为能调动一切，而必须是能够把握住全局，也就是校长对于学校整体工作运行的结构和动态具有主导作用。如果通过具体的工作来验证是不是控制了全局，可以试选下面三项标志：①能否多渠道地及时地获得学校各主要方面的真实情况的反映（一要真实，二要及时）；②对学校整体工作和各项重点工作的进展情况，对关键的部位、关键的人员、可能影响运行结构的功能和动向的重要因素，是否心中有数；③发出的指令能不能有节奏地认真推动执行，提出的指导意见是否被积极接受考虑。这三项标志归纳起来就是：能不能做到耳目明、令行禁止。

为了达到控制全局的目的，就必须抓住它的关键。据对一些学校工作情况的分析，妨碍学校全局的症结，往往表现在指挥不灵和反馈失误上，而其根源多在于校长对学校领导班子和骨干队伍的失控上。可以说，统一领导班子，掌握学校骨干就是控制学校全局的关键。

学校骨干队伍由学校工作成员中水平高、责任心强、威望高、影响大的同志组成，他们往往分别具备业务带头人、部门负责人、群众基础好这样几个条件，本人又精明强干，能起带动作用。学校所有的教育教学工作以及教职工的思想工作，主要是通过他们去组织、指挥、推动。因此，他们是开展学校全面工作的基石。领导班子则是骨干中的骨干，其团结的程度直接影响着骨干队伍。

第一，为了掌握住骨干队伍，必须耐心地、细致地层层沟通思想。所说沟通思想，就是围绕学校的发展远景和阶段的工作目标，主动交流看法，既宣传、说明自己的主张，也听取大家的看法，使自己成为这个领导班子的思想带头人，成为这支骨干队伍的思想核心、集大成者和代言人。只有这样，才能使这支骨干队伍（并通过他们及至全校）了解到你办学的雄心，了解到你对办学成功的信心和实干的决心，了解到你的计划、规划的意图，因而也才能有一致的向心力，才能够步调一致。所以，研究情况、制订计划、决定问题都要多听取他们的意见，多商量，多做说明解释工作。

发现有跟自己思想距离较大者，以为彼此沟通思想太难，于是就不愿意多接近。其实，思想距离较大，正说明有及时交流的必要，越不去沟通，思想距离就会越加扩大。主动交流总是会增进了解的。还有的认为有跟自己思想经常能保持一致者，以为彼此思想不必再去沟通，于是工作一忙起来，就不把他们列为思想沟通的对象了。时间久了，彼此的思想了解也会出现空当，贻误工作。遇有这两种情况都不可偏废。

第二，必须明确职责分工。

每一个部门和它的负责人员的职责范围、权限、重点工作项目以及工作基本要求都要明确。校长要大权在握，小权分散。全校性的人事、财务、教育教学措施的决定权不能放。决定以后分头执行的指挥权和局部工作的决定权不能不放，要合理分派。分派下去的权力和工作也就变成了各部门负责人的职责和任务，校长必须明确而严格地要求责任者执行到底。

要有计划地抓请示汇报。各部门负责人在执行工作时需要更改学校的计划或决定的情况是经常发生的。有时原计划、原决定有失当之处，在执行过程中才发现了它；有时客观条件发生了变化，或者教育教学的理论水平、工作经验有了新的发展。在这样的情况下，修改原计划，更改原决定，是正常的。但如不是事先交代过变通原则的，或不是遇到非常情况的，校长必须要求工作人员事先请示。不请示而自行其是的做法，不能被允许，不能开先例。每项重大工作任务的完成情况要规定按时汇报。

第三，亲自进行及时的检查督促。

校长检查工作的目的不是代替学校反馈系统的检查，而是为了：

①检验自己主持制订的工作方案、自己决定任用的人选是否得当；②检查学校工作系统的功效如何；③了解、发现和研究对全局有重大影响的因素；④抓住自己工作的重点。因此校长检查工作的方法和学校反馈系统的系列检查应该有所不同。

要有计划地分布开，实行抽查。从检查对象上，重点检查课堂教学和班级工作，透过第一线的具体工作来分析和督促部门的组织工作。从工作面上，重点检查教育教学过程，透过工作过程来分析工作质量和督促准备工作。从时间上，重点抓开学、期中、期末三段。

检查任何一项工作都要认真做好准备，查一项就要查深、查细、查实，宁可少查几项，也不可走马观花。不查不明，有问题查不出也会成为失控的缺口。

检查过程中要多看、多问、多听、多想，却不可无根据地多说、随意说。说话要有根据，表态要算数，说到就要做到。要亲自做检查记录。

要时刻提防和严肃批评做假和虚报，要严肃对待工作漏岗的现象。

通过工作抓骨干，通过骨干控制全局，学校整体工作机器的运转就会灵活了。

(3) 怎样才能集中精力

对于校长来说，把具体的行政事务都交给别人去处理，是不现实的。但是每天找到头上的行政事务多得很，如果不去集中精力，足可以埋在事务堆里，哪里会容你去抓全局呢!

首先，要善于分辨和选择带有全局意义的问题。已显现的问题容易为大家所瞩目，也容易吸引校长的注意力；尚未显现的问题有时可能是更重要的问题。有的问题本来是一般问题，由于主观情绪或客观反应的影响，也可能被看得过重。不善于选择，就会哪个问题也放不下。必须舍得放下问题，有所不为，才能有所为。

其次，不能代替职能部门。那些可以由职能部门办的事，校长的责任仅在于布置、指导(包括说理和示范)以及督促，而不在于逐个问题去亲自组织实施。例如，当发现有些班级自习纪律松弛的现象以后，校长的精力不是一班一班去解决，而是先看教导处是否已经发现和动手去解决了。如果教导处解决得不够好，可以通过具体班级进行指导工作。如果教导处的工作很好，就可以只是适当检查一下效果，其他不用再管。

最后，要管理好自己时间和精力的分配。据有关统计，校长的精力分配按占用的时间计算，用于深入教学占25%—65%，平均为40%；用于处理行政事务占10%—40%，平均为20%；用于自修占5%—30%，平均为11%。这个统计数字表明，校长必须保证有更多的时间深入教学领域，必须保证有足够的时间来学习，必须压缩处理一般行政事务的时间，减少不必要的会议时间，避免无意义的谈话时间。校长能否把更多的时间用于对教育、教学方向问题的研究和指导，也就成了能否完成对学校全局控制的明显标志之一。因此，校长自己制定一个工作计划日程表，作出阶段性的统计分析，是很必要的。

2. 指令明确，决断及时

在指挥全局时，态度不明朗、指令不明确、优柔寡断或者轻率表态、朝令夕改，都是校长的大忌。谁都喜欢在痛快、干脆的领导手下工作，希望领导者处理事务及时、果断，指令明确，态度坚决。

（1）分清指令和指导意见的区别

指令不同于指导意见，更不同于研讨意见。在具体工作中，有时因为同出于一人之口，同是表明了一种明确的态度，往往容易造成受方的误解，把这三者混同起来，或者认为这是校长表态了的，一律照办，或者认为这是校长的一般性意见，容许搁置起来以后商量。也有时因为校长没有注意这三者的性质、作用和表达方式的不同，造成受方的混淆不清。这都不利于领导工作。

在一个问题的酝酿期间，或在一项工作进行的过程中，校长对于某些现象、某些矛盾的实质认识还不甚分明，思考正在逐层深入，判断还没有最终形成，解决问题的方案还没有最后理清，一切都处于研讨阶段。这时，校长参加研究讨论，要发表意见，谈自己的见解。这种意见就是研讨意见。研讨意见不要求听的人执行，也不强求听的人必须接受。为了防止受方的误解，一般在用语中充分表达商讨的口气，同时加以必要的解释。

在工作进行的过程中，具体工作的执行者有时对一些环节没有重视，缺乏理解或把握不好，因而在一定程度上影响着或将要影响工作质量。这些环节对工作的成败有重大关系，但执行者的理解仅仅影响工作质量，并不决定成败大局。对这些执行者，不是简单的指出对错所能解决的问题，必须容许他有一个认识思考的过程。这时，校长就要及时发表意见，讲清道理，指明正确的做法。这种意见就是指导意见。有时针对一种风气、一种倾向，正面提出主张，号召大家来思考，来采纳，付诸行动，即倡导一种风气、一种做法。这种倡导也是指导意见。指导意见不要求听的人不折不扣地执行，但要求听的人必须认真听取，经过思考以后变为自觉的主动的行动。为了防止受方的误解，一般也要加以必要的解释，用语要加强肯定的语气。

作出一项决定，布置一项工作，或在一项工作进行的过程中发现了新的矛盾，于是确定新的行动方案，或在工作进行的过程中发现了足以决定工作成败的偏差，要加以纠正，以上这些都要向工作人员提出明确的、具体的行动要求。有时对于紧急的请示也要给以明确的答复。这就是指令。指令是直接指挥行动的，带有规定性和强制性，是组织和指挥工作步调的最强手段，不容随意改变。为了防止受方的误解，同样必须加以解释，并加强坚定的语气。

(2) 指令必须明确

校长发指令的目的是为了指挥下属准确无误地完成某项工作。因此，决定开始进行一项工作，或者停止一项正在进行的工作，所发出的指令必须是十分清楚的，不容含糊。指令所指的事情，在概念的内涵和外延方面要周延，肯定或者否定的态度要明朗，所指的工作涉及的目的要求、时间地点范围、最低数量、负责人员等也都须明确，虽然有的要留有余地，但余地范围必须清楚。行事可否的界线、可预料的应变原则等等，都要交代。指令用语的详略，要根据受方的情况而定，要考虑受方的理解能力、办事能力、办事态度和接受心理而有所区别。但是，不论详略，语言必须力求清晰，避免模糊。

只有发出的指令是明确的，才能被明确地接受，也才有可能较准确地被贯彻执行。例如，校长要求教导处去禁止教师随意大量印发各种成套的练习题给学生，就必须指明：禁止的是大量照搬翻印给学生，而不是教师参阅，如果印发给学生而不强求在限定时间内做完是否可以，印发的数量很少是否可以，正好适用于原教学计划的是否可以原样印发，从什么时间开始禁止，用什么方式加以检查和控制，个别情况由谁怎样来处理，怎样向校长汇报执行结果，发现不听禁令的情况如何处理……这些都需要使受令者清楚。如不清楚，不论是发令者未说清，还是受令者未听清，都是指令不明。指令不明就会造成秩序的混乱，造成直接的工作损失。

造成指令不明的原因，通常是自己没有想好，或对情况不十分清楚，或对措施没有十分把握，或者态度不十分坚决，由此导致语言表述不清，过多地运用"大致""好像"，"是不是可以"之类的口气，所以不能把具体的要求指标传达给接受者。

常有这样的情况：遇见一件事，没有经过深思熟虑，不考虑工作层次，不分场合，轻率下令；下令之后又觉不妥，随即下令取消前令，或者觉得不足，随即下令补充；下令时没有把意思说清说尽，随后检查时发现不合意，于是就批评指责，使执行者无所适从。这都会使校长很快失掉应有的权威。所以平时工作中凡能以指导意见的方式发言的，尽量不用指令的形式；必须发指令的，一定要考虑充分，发出完整的、明确而坚决的指令；发指令充分考虑可接受性，为了验证受方的领悟程度，可以在最后发问："都明确了吗？""可以吗？""你还有什么意见？"必要时还可以让受方复述要点。

(3) 指令前后要保持一致

校长针对平时教学秩序中出现的问题，发出这样的指令：教导处要负责保持课程表运行的相对稳定性，一般情况下不要临时串课，如有特殊情况，必须事先经过教导主任同意，并由教导处来调课。这个指令可以说是明确的。但是，若是出现下列各种情况，就会破坏指令的一致性。

例一：有的老师向校长提出要求串课，校长答复说，请去找教导主任。又有老师来找校长请求串课，校长却立即把教导干事喊来，具体布置了串课方案。

例二：一位教师在一般情况下私自串一节课，受到了批评。另一位教师也是在一般情况下私自串一节课，校长却制止教导处说，课没有丢，不必查问了。

例三：学期初查得紧，学期末不查不问，有人提出私下串课太乱时，校长以为临近期末了，不必再费心。

横向的不统一，纵向的不一致，既授权又收权的自相矛盾，造成指令的混乱，破坏了指令的严肃性。因此，不令则已，令则必行，行则必果，坚持有始有终，前后一致，这才能达到有力指挥全局的目的。

(4) 决断要及时

学校里有些事情来得很快，或者应该及时开始。或者应该及时停止，时间性很强，不容拖延。但是，有时因为察觉迟了，有时因为有所疑虑，往往错过时机，给工作造成很大损失。因此，决断和指令必须及时作出。

影响作出及时决断的原因经常是：

心中无数。例如，正在上课时突然变天了。于是有人提议，临时改变作息时间吧，早放学；但也有人反对说，常年天气总有变化，如果变天就早放学，作息时间怎么能稳定呢？教导处请示校长。如果校长心中有数，了解学生居住区的大体分布，了解道路和交通工具运行的情况，了解天气变化在全年所占的时间比例，了解当天天气变化的程度，并了解改变作息时间可能引起新的秩序矛盾以及解决的办法，就不难决断。如果校长对这些全不了解，那就只好盲目地去应付，或者是拖，或者是武断地放学。

作决断要以客观事实做根据。有些常规工作，有规可循，可以提前考虑，于是占有了足够的时间提前来了解事实，作出正确的判断。但是一些非常事件都是突然发生的，有时没有思想准备，事态又不允许拖延时间，因此容易给决断带来困难。为了努力把非常事件纳入常规，就必须在平时留心和掌握各种必要的数据、基本规律和关键环节。平时心中有数，才能临阵不慌。

真假难辨。一个问题提出来，特别是关于人员的任用问题，往往很快得到两种相反的情况，两种对立的意见，很容易使人委决不下。为什么会真假难辨，难下决心？一是掌握第一手材料少，二是掌握一般规律不足。因此，必须平时提前有所考虑，拟定几个方案，注意观察，既观察分析所考虑的对象，也观察分析预计可能持不同意见的各方。这样，就可以在问题提出之后的短时间里，选定辨别真实程度的最佳方案，增大可靠性，从速决断。

患得患失。有些事，例如一个现任的教研组长，由于身体或其他原因，难于起到组长的作用，而学校里的教研组又是一个最重要的组成部分，那么，当学期快要结束的时候，换不换组长？换谁？假如现任组长是自己的老同事，拟任的组长和自己关系特殊，怕别人说闲话，怕伤害老同事的自尊心，怕于己不利，等等。在这些问题上患得患失，就有可能误了决断的时机。作决断要考虑利弊，但不能从个人利害出发，必须考虑学校工作的利益。不丢掉私心，遇到可能带来对自己的不利时，是无法及时作出决断的。

3. 把握契机，因势利导

在学校里，有时会在常规以外突然出现难题，不加引导可能形成恶性事态，因势利导却可以引出好的结果。

星期六，学校作出了教师不得收取学生礼物的决定。隔了一个星期天，星期一，于老师接到了学生小秀送来的两包点心。小秀说，这是她妈妈让买的，留给于老师夜间工作吃，别饿坏了身体。小秀说这话时满含着热泪，弄得于老师手足无措。不收下吧，孩子是那么天真、诚挚，会伤了她的心；收呢，又为师德和校规所不容。于老师送走了学生小秀，急忙拎着这两包点心，来到了徐校长办公室。一开门，只见屋子里早已站满了老师，桌子上堆满了各种各样的点心、糖果和罐头一类的食品。大家不时交换着眼色，谁也不说话。徐校长面带微笑，一边倒水一边问大家："你们看，怎么办哪？"有的说，退礼，维护学校对教育工作者的纪律要求。有的说，虽然退是要退的，可是孩子们的心刚刚见暖，如果退不好，冷了他们的心怎么办？正当大家的思路徘徊在如何退礼的途中时，徐校长笑了，他说："这有什么难的？大家不要愁么，把它吃了就完了。""吃了？都吃了？"迎着老师们疑惑不解的目光，徐校长接着说：当然不是就这样由我们吃光它，明天开个学生大会，把这些食品都摆上，让他们每个人都讲讲，星期天回家是怎么对他们的父母讲的，他们的父母又是怎样对他们说的，怎么嘱咐的，又是怎样去选购这些食品的，然后师生一起把这些礼物吃掉。

这是一部电视剧里的一个动人的场面在这里，徐校长善于因势利导，把一个大家感到头疼的难题拿来作为一次教育活动有利的条件。

一件事情发生了，它的发展趋势将会如何，这要看校长的分析判断和引导是否得当。

第一，校长平时必须保持高度的警觉性，要时刻注意洞察校内的一切变化，及时发现问题。如果不能从各种迹象和一般规律中预感到问题的存在，等到事情发展到了完全表露出来的时候，甚至对于事物发展形势的感知落在他人的后头，那么，一旦矛盾突然摆在你的面前，不容你有足够的时间来思考，就很难有好的引导办法。高度的警觉可以提前发现问题，预料趋势，赢得时间。任何矛盾的发生，不论它来得多么突然，都像火山一样，必然在爆发前有一个很长的酝酿过程，并且是可测的。因此发觉问题于其始动之时，未显之时，才能有应变的主动权。重要的是不可以存有"高枕无忧"之感，时时注意观察和寻找问题。

第二，发觉了一种倾向、一种情绪、一个问题，就要认真去在观察中分析，经过分析以后果断处理。一个看来是简单的问题，应该格外提醒自己注意，不可以轻视它；一个看来是不可解的大难题，不可以轻易地放弃它，事物总还是都有解的。任何事情都由若干因素组成，这些因素有的积极，有的消极，有的强劲，有的微弱。校长凭什么去确定引导的方向、时机和办法呢？就凭分清各种因素的性质，抓住有利的因素。事物都具有两重性，总是同时存在着积极与消极、有利与不利两种对立的因素，学校里任何工作都存在着两种可能的发展趋势。看起来是消极的、不利的，其中必定包含着积极的、有利的因素。有很多事，特别是教育、教学工作中发生的事采取强制的办法往往不如顺势引导效果好。即从前边举过的事例来说，假如徐校长事先毫无思想准备，事情发生后也难免慌了手脚；虽然早有考虑，但只看到老师不应该受礼这一点，却看不到学生和他们的家长、他们的老师开始增进了感情，加强了思想上的交流这一事实。再如，一个班级里发生了几个学生跟一位任课老师严重对立的事件，学生请求学校调换老师，老师也请求学校调换任课班级。这几个学生抓住了老师教学工作中的不足，这些不足都是为大部分学生所知，并且早有意见的，因此事件在班内引起一种情绪，似乎在说：看校长怎么处理？这位老师也抓住了几个学生越礼的地方，这几个学生平时的表现早已在教师中有议论，因此事件在很多教师中反响强烈，也似乎在说：看校长怎么处理？面对类似这样的事件，应该怎样来处理呢？处分学生以安抚老师？撤换老师以安抚学生？这一类事件来得突然，冲突激烈，双方对立情绪急剧扩展和上升，不容校长迟疑。不决断事态要闹大，决断失误也会闹出大乱子。处理这种事情，不可急躁，要首先缓和，采取强硬措施制止事态扩大，然后冷静分析。①归纳平时了解的情况，师生关系的敏感点在什么地方，这位教师工作的情况怎样，这几个学生的平时表现和个性特点怎样。②这次事件冲突的根本原因是什么，是怎样引起的（由于教师工作再次失误引起学生不满，还是由于学生出现越礼行为而引起教师情绪波动导致工作失误）；教师工作失误和学生越礼的程度有无夸大，在师生关系中间有没有其他的因素，职能部门是不是早已发现了这个矛盾，是怎么分析和处理的。③这次事件伴随着消极因素而存在的积极因素都是什么，哪一点是可以抓住加以引导的，等等。只有分析了这些情况，才能抓住这个时机，妥善地解决矛盾，并从中引出好的结果来。

第三，在想好了主意之后，还要寻找、等待和捕捉恰当的时机。仍以某部电视剧为例，在徐校长的心中，一直在寻找发展学生正当兴趣，开展文明制约的时机，这是他早有思想准备的。等待，耐心地等待。当学生们纷纷舍弃了原来崇拜的那些"偶像"以后，在他们感觉到不知用什么来代替、来充实这一片空虚时，这时，只有在这时，徐校长提出让黄主任去组织文学社一类的文化团体，才会被学生和老师们所乐于接受。这个时机抓得好，这是徐校长在很长一段时间里有计划地在寻找的。后来，在一次足球比赛时，有些学生为失球或者失去破门的机会而着急，由于旧习难改，竟口出不洁之言。这又是徐校长在等待、寻找的时机。于是他借黄主任的小女儿之口，教育了学生，顺势引导，提出"语言犯规"要罚点球的特殊球规，被学生们高兴地接受了。引导过早，例如在组成球队之前，时机不成熟；错过时机，例如拖到赛后，也会误事。

所说因势利导，就是顺着事件发展的趋势，抓住健康的因素，利用有利的条件，引导人们沿着正确的认识前进，使人们健康的情绪和正当的兴趣得到发展。一般要抓住问题暴露这个时刻，具体形象，人们易于理解和接受；要抓住事件发展转折的时刻，展现两种可能性，便于及时拨转方向；要抓住人们在两种认识之间游移之时，或者不健康的感情妨碍着接受正确认识之时，或者正在苦于寻求正确认识的途径之时。问题没有暴露，事件的两种发展趋势没有显现，人们没有去细想；事件向恶性方向发展太远，错过了思想徘徊之机，减弱了寻求新路的兴趣。因此，把握因势利导的契机，既要事先胸有成竹，又要临场机敏果断。

4. 巧借东风，推波助澜

在学校里，经常有可贵的苗头出现，有好的转机到来，如果不抓住它，一纵即逝。

教学改革的实验工作，对于有一定教学经验、水平较高、事业心较强的教师来说，是既有吸引力，心向往之，又顾虑多重，不敢轻易动手的。学校当然希望能有勇敢的自愿者。校长当然要眼观六路、耳听八方，时刻物色着教改实验的执行者。如果在这时出现了这样的情况：在所物色的对象范围内，即在有条件承担教改实验任务的教师中，某一位教师在一次研讨会上慷慨发言，列举了陈旧的教学思想和教学方式的弊病，而且流露出了他对于如何革除旧弊的一些设想和决心。这次会使他很激动，他的发言有一定说服力和鼓动作用。如果大家听完激动一时，如果他本人说完感慨一时，实验还是难以上马。会上大家的心情就是一股东风，校长借助这股强烈求改革的东风，就可以接下去进一步出题目、造舆论，同时抓住这位教师的设想，巩固和增强他的决心，把实验工作开展起来。

教改实验不是短时间内所能完成的。实验开了头，轰轰烈烈；时间长了，气氛有可能不再那么浓厚，加之困难接连出现，因而冷淡下去，自消自灭的。为了把实验工作再推进一步，就必须继续求助于外界的有利条件。如果恰巧有教育部门的领导或是教研部门的同志来检查这项实验工作，就可以借此机会，宣传此前改革实验的成绩，讨论和提出今后的新课题和新目标，推动实验工作再出现浓厚的气氛。

从以上事例可以看出，一项工作的顺利完成必须做多次的推动工作，调动主观的积极性必须经常借助外界有利因素，外界有利因素可以寻找，也可以有意创造，时机不可错过。

(1) 要善于把握师生的心理

开展任何工作，必须以师生的内因为依据。师生的心理因素是最重要的内因条件之一。

一般地说,值得注意的共同的积极心理因素有:向上心、追求更高的目标;荣誉心,愿意有好的起点,希望能获得较理想的成绩;好奇心,寻求探索;好胜心,不在一些看起来和听起来样子很吓人的困难面前服输。特殊地说,每一个教研组,每一个班级,每一个集体和每一个个人,都分别有他们自己独具的积极心理因素。这些共同的和特殊的心理因素,只有在特定的条件下才会表现出来,有的需要诱发才能够表现出来。

比如,新教师或者新学生入校时,他们很想知道这所学校的长处是什么,很希望这所学校有更多的长处,很愿意在这所学校里工作和学习得更好,成长得更快,得到他人的赞扬和羡慕。在他们入校之后,见到的和听到的是些什么呢?只有在他们入校之后,在所见所闻中发现了他们想象的好条件时,见到了原有师生好的精神面貌了,见到了原有师生工作和学习的优异成绩了,只有见到学习的实情了,见到了原有师生工作和这样的特定环境里,才能使他们的积极心理因素得以表现和巩固发展。为了更利于诱发他们的积极心理因素,在新教师到校后应该由校长本人或指定专人作介绍,帮助他们了解学校的情况,特别是了解学校的长处。为了同样的目的,在新生入校时也要组织相应的活动,开展入学教育,使学生尽快了解学校,增强他们的爱校心。利用新生入校这个条件,就是巧借东风。

(2)要积极寻找和创造外因条件

从学校的全局看,比如一所学校各方面工作在良好的秩序中进行了一段有计划的改革,很见成效,得到了校内师生的拥护,得到了校外的好评。但是在成绩面前显得停顿了,新的进取不显著了,有松劲泄气之虞。恰好这时学校受到了上级的表彰,对几个工作项目给予了应有的评价,有几位老师分别受到了专业单项的奖励。东风来了!如果校长抓住它,在表彰奖励的基础上加以总结宣传,鼓舞士气,同时议定新的进取目标,就可以形成新的起点,使告一段落者重新起步,使中途停顿者重新起身。

从学校的局部看,比如一个后进的班级,在学期末调换了班主任,经过一个假期的准备,新学期一开始,班级出现了新貌,作业本全是新的,第一天的课上笔记和作业都按要求完成了,没有发现违纪的现象,并且在当天午后由学生自动组织起来做好事,打扫了室内厕所,清理了室外垃圾箱,受到了值周老师的表扬。这个班在第一天的全校性单项评比中占了先。东风又来了!如果校长抓住它,一面指导教导处注意对这个班的表扬,一面指导班主任在班内更明确地提出每周一项要求之类的进取目标,这个班从班主任到学生都有可能在这个新的起点上继续前进。

借助于外因条件的变化,不论是物质方面的,还是精神方面的,都在于加浓工作的气氛,振奋人们的情绪。借助于各方面对学校工作成绩的高度评价来鼓舞士气,不同于自吹自擂。不能因为怕人家说不谦虚,就放弃机会,不做宣传。

5. 抓好典型,树立目标

学校工作必须树立奋斗目标。这个奋斗目标要反映在工作规划上,但规划上的目标还是较为抽象的。要具体化,就要抓典型,用典型来说明,使大家都能看得到。典型,就是有概括性的、有代表性的人(个体和集体)与事(过程和结果)。把典型抓好,对学校工作将会有巨大的带动作用。

(1)学校需要重点抓哪几方面的典型

学校各项工作都需要有好的榜样在前头,但是不可能、也没有必要在所有的方面都各自树立典型。从学校总体工作看,主要应该抓下列四类典型:

第一类,学生个人。这是学校培养目标的代表。我们学校到底要培养什么样的人,怎样培养,要树立榜样?据报载,江苏省常州中学树立了两个学生个人典型。一个是以优异成绩从这所学校毕业后,上了大学,攻读研究生获得了博士学位,现在成了国内一门学科的学术名人,在国际上也有很大的影响,另一个是从这所学校毕业后没有升大学,走自学成才之路,现在也成了国内一门学科的学术名人。这样的典型非常有说服力和吸引力。它包含三个完整的内容:①成长起来之后,各方面的水平和成就;②个人成长的过程,成长过程中个人努力的经验体会;③人才成长过程中,学校教育工作的经验和体会。学校的典型必须是学校自己的典型,典型的意义必须是典型自身内在的意义。因此，上述三项内容都是不可少的，必须同集于一体。

第二类，教师个人。这是培养学生最直接、最主要的力量。教师典型应该包含这样三项内容：①较先进的教育思想；②严肃认真的工作态度，顽强进取的教育研究精神；③科学的教育方法和较好的教育成果。教师个人典型可以分列在教学方面或班主任工作方面，也可以综合。

第三类，学生集体。每一个学生都是在集体中生活、成长的，因此有这样的典型对于推动校内工作很有必要。但是学生集体有很大的流动性，所以抓这一类典型更要和阶段性、年段式的先进班级、先进小组严格分开，不必每期都树典型。

第四类，教师集体。教师对学生的教育、教学工作，是教师个体的脑力劳动，但其劳动成果又是教师集体力量的综合。因此，教研组也好，学年组也好，备课小组也好，怎样合作得好，也是极为重要的课题。所以，条件成熟的学校也要树立教师集体典型。

其他方面也不排除抓典型的必要性，比如，有的学校就抓了一个物理实验人员的典型，对教学整体的改革推动很大。但是在一般情况下校长抓典型的精力还是应该放在上述四个方面。

(2) 什么样的典型作用大

典型是榜样，但是典型不是模式。树立典型的目的在于使大家来学习它体现的方向、它标明的高度和它表现出来的进取精神，而不是工作步骤的示范。因此，典型的生命力在于它的概括性、真实性和群众性。

典型要有概括性。从教育发展的长远观点看，典型要代表一个方面的正确方向，体现科学的方法。例如，看到一个班管理得好，上课肃静，课外没有违纪现象，大家公认这个班的班主任工作得力。可不可以认定这是一个典型呢？这必须经过具体分析才能断定。如果发现班主任采用的各种合理手段，都在于提高学生的学习自觉性、集体主义的主人翁责任感，那就可以把这个班的工作概括升华，就可以认定为典型。假使发现这个班采用的手段有些是不合理的（例如惩罚），目的仅仅在于遵守纪律评比红旗，而评比又限于表面的现象记载，那就难以概括，缺乏代表性，就没有更大的典型价值。抓典型不是现得利，它和现场即兴表扬不是一回事。

典型必须是真实的。事迹不能夸大，更不能虚构。有很多被当做典型来抓的，因为不真实，或者因为概括提炼时过分夸大了，结果树不起来。

典型还必须有群众性。它应是学校工作较重要的环节，应是多数人所能接受的，或能被多数人接受的。

(3) 要下决心长期去抓

抓典型和抓点不完全相同。抓点，包括抓典型，还包括抓重要环节、薄弱环节。抓点，主要是抓当前。抓典型既是为了当前，也是为了长远，同时还要总结过去。

是不是有的学校没有典型可抓？典型是相对的，在任何一个集体里，都相对有大家所推崇的榜样。不能认为没有典型可抓，也不能等待自发冒出一个典型来。所以，要去寻找、发现和培养。

是不是抓任何一个都可以被培养成为典型？典型，是适应学校工作的需要，自己涌现和领导培养两股力量汇在一起才树立起来的。虽然真正的先进者自己可以出土，但没有领导的扶持，难度要大，成长也可能要慢。但是硬推的典型是很难站住的。

一个真正的典型不是在短时间里很容易就培养出来的。有的抓了一个典型，急急忙忙去宣传，过了不久，或者发现缺乏指导意义了，或者发现它停顿了，于是又急急忙忙去换。勤换的结果，最后什么也抓不住。抓典型就必须长期抓，坚持不放。

要防止典型"墙里开花墙外红"。完全失真，墙外也只能红一时。夸大了，墙里也会不服气，结果将会误了工作，也会降低典型的威信，所以总结典型时要防止夸大。校内宣传不够也是墙里不红的原因。领导去抓，去树立，校内有的可能对问题有不同的看法，也可能有的专门对先进不服气。因此，领导树立和宣扬一个典型时，不可操之过急，要取得多数人的理解和赞同，要用事实影响多数。另外，有时被树立的典型人物缺乏应有的谦虚也是造成墙里不红的原因，这也需要领导去帮助教育。

陆续抓几个典型，用它来引路，这是组织学校整体为实现学校工作目标而努力的最好工作方法之一。典型先抓得少些，树得稳些，宣传得好些，就可以大大提高领导工作的实效。在具体选择培养哪几个对象时，校长要在充分调查研究之后，排除各种成见的干扰，显示自己的决心和魄力。

6. 精减会议，提高效率

组织全校工作，召开会议是校长的必要手段之一，但不是唯一的手段。校长参加会议一般有三种形式：校外会议、校内会议的主持者、校内会议的参加者。校内召开必要的会，好处是可以集中群众的智慧，可以迅速地传达学校的意志和决定，但是会议过多反而给工作带来危害，占用了时间，影响了工作，降低了效率。据有的校长统计，在一段工作时间里参加会议（包括主持会议）最多时竟占去一半时间。校内会议多了，给教师也带来工作困难。据有的教师统计，由于本身在校内兼职过多，有开不完的会，最高竟达上课以外时间的三分之一。会海是学校教育管理工作的一害。为了提高工作效率，必须精减会议。

（1）明确会议的目的性

学校的各种会议，按其性质，大体可以分为三种类型：

第一种，汇总情况，研究问题。

第二种，审议检查，决定问题。

第三种，传达布置，宣讲问题。

任何一种类型的会议，都不单纯是为了开展学校工作而采用的程序，同时也是开展学校工作的一种形式。因此，学校内的会议，大到全校大会，小到三人小会，都必须有明确的会议目的，即必须明确议题、过程、结果。例如，召集几位教师讨论有关课外作业问题。一种开法是：找几位教师来，谈谈现在学生课外作业都有什么问题，情况怎么样。会上，有的说某一科学生完成课外作业的质量和数量情况，有的说他教的一科作业批改的数量和进度情况，还有的说又一科作业篇子印刷方面的情况，各方面散在的情况得不到集中，很少有交叉。会议以"时间不早了，大家谈的情况很细，今天就开到这里，提出的问题会后研究解决"作结。会前目的不明，会上不集中，都留给会后，哪有那么多会后！另一种开法是：在跟教导主任个别交换意见以后，找几位性质相近学科的教师来，明确提出这次会专门研究一下作业的批改问题。会上主要是先听，也进行必要的询问，重点了解目前的批改办法在学生中的作用怎么样，教师批改作业的精力是否影响到备课，教师在批改工作中有无失职之处等情况。会上集中到批改方法和学校对批改的规定是否合适的问题上。会议少留尾巴,努力作出结语:或者维持原规定,或者修改原规定,或者归纳一两个方案限期答复。如果这样开会,就可以说是会议的目的是明确的。目的明确,就可以减少会议的次数,缩短会议的时间,提高了工作的效率。

要做到会议目的明确,必须在会外了解足够的情况,会前个别妥善商讨,认真思考,心中有数。乱开会,开乱会,是心中无数的表现。

(2)加强会议的计划性

根据常规管理的经验,有很多会议是能够纳入校历的。校务会议、教代会或教职工全体大会,每一学期的次数、议题、时间,都可以在学校工作计划中拟定。行政例会的议题虽然不好过早确定,时间却可以确定:每周一次或间周一次。

造成会海的原因,不在于上述这些会议所占的时间,而在于上述这些会议以外的会——或者可以纳入这些会议的议题却没有纳入,单开了,或者这些会议应该完成的议程没有完成,大量地推到会外另行开会。因此,校长有责任自己动手或者督促各部门,把临时提到的议题加以归并,尽量个别解决或放到计划内会议上去解决。校长本人,同时指导各部门负责人,要分清提出的各种问题的性质,哪是不必经过会议个别可以解决的,哪是要经过会议讨论决定的,哪是可以推到下一次会议讨论的,哪是必须马上研究处理的,哪是应该早些提出的,哪是新遇到的,等等。校长要强调个人分工负责制。首先是自己以身示范,该由个人决定的,不要怕担责任,硬推给集体,走集体讨论的过场。有领导的个人分工负责制,是减少会议,提高效率的保证。

有的图省事,一个简明的通知,没有更多可解释的地方,自己却懒于跑腿,动辄召开会议让更多的人跑腿。校长要力阻这样的做法。控制杂乱的不必要的会议,除校长本身以外,还要约束各个部门。控制的办法,可以事先审查每周的行事日程计划。

(3)提高会议的质量

凡是几人以上按照召集人的通知停下其他工作坐下来研究事情或听取讲话,就是开会。会议质量提高了,才能使必要性不大的会议减少。

和会议质量直接有关的是会议的主持人,在于会议的准备,会议过程的安排,会议预定引出的结果。

不开目的不明、准备不足的会，不开马拉松会，避免开无结果或者结果不明的会。

召开布置工作的会议，例如新学期开学第一次全体教职工大会，首先要明确会议目的和议题。是布置全学期工作计划，还是布置开学各项准备工作；是布置具体工作，还是宣传开展工作的指导思想和原则。其次是准备，明确由谁讲。如果讲全学期工作计划，就应该由校长讲；如果布置开学准备工作，最好由分管负责人讲。该讲的要一次讲完，要相对完整。要肯定，不要模棱两可。也就是说，要让与会者听明白要做什么，怎样做。避免开会布置工作容易犯内容杂乱分散、条理不清、指令不明的毛病。

召开行政会议，讨论决定问题，首先要明确中心议题，不要把没有准备的议题拿出来。例如，事先预定要集中研究决定是否开始一项较大的改革实验项目问题，关于这个项目的各个方面情况、决定可否的关键、个人初步意见，是否已经都明朗了？如果不明，或者抓紧准备，或者后延会期。仓促开会，议而不决，决而又改，改了再议，不会有好的结果。如果主持人已有了成形的想法，那就很容易开好，即使决议和自己原来的设想相反，也会是很成熟的决议，可行的决议。其次，会议的结果一定要分清哪是议决的问题，哪是待议的问题，哪是互通情报不须议决的问题。会议的主持人最好把议决的与会者理解的分歧、问题归纳复述一下，以免用"就这样吧"之类的含糊词句造成？

召开研究讨论的会议，也要准备充分。例如，组织校内公开教学，校长请教导主任和几位教研组长座谈，议题是本次活动的目的是什么。讨论时，一致认为这次活动的目的是探讨教学改革问题。有的同志提出，探讨教学改革中的什么问题，应该具体化。怎么具体化？有的说这么提，有的说那么提，有的说提得太细了反而限制了老师，有的说一定要提具体，众说不一。为了能及时归纳，除了要锻炼归纳能力外，也应该在会前做一下思想准备，想一想大致有几种选择，如何作结论。

校长要力主少开会，开短会，开有结果有用的会，并且以身示范，主持开几次漂亮会。会风是工作作风的一个重要方面。为了使下属开好短会，要给他们自己职权范围内的工作决定权。例如，教导主任主持的会议上，决定义务劳动从二年级开始，校长应该认可。如果校长轻率地下令改为从一年级开始,那就意味着教导主任对这一类事没有决定权,也意味着教导主任主持的会议不能作决定。该作决定而不能作决定的会议又有什么用呢?因此,像教导主任主持的会议所作的决定,只要没有超越他的职权范围,决定本身又不涉及事业成败,即使有欠妥之处,校长也只应该在事前或事后加以指导,切莫干涉。

7. 深入其中,超脱其上

校长要抓好了解情况、掌握方向和使用干部、指挥运转两件大事。

(1) 深入下去

切不可蹲校长办公室浮在上面,等待人家找上门来才处理问题,要深入到具体工作中去。主要是深入第一线,即直接接触学生的工作,要到课堂,到班级,到教研组。怎样深入呢?要走马看花,了解概貌,更要下马观花,参加具体工作,从中发现问题,分析归纳问题,通过学校的层层组织来解决问题。

了解情况要有第一手材料。学校里的事情方方面面,不可能也不必要事必躬亲。自下而上层层汇总,靠统计和汇报,这是了解情况的一种方式,这种方式利于了解全貌。但要想了解教育、教学的内部细情,更多的还是要亲自动手。

有人以为经常听课,经常下班级,经常坐教研组,经常不在校长室,在下面的时间多,这就是深入了。这是表面地看问题。以听课为例,每天坚持听四节课不一定就是深入,每周听二节课不一定就是不深入。有的常常听课,上课进教室,下课离教室,被像对待客人那样的掌声迎来送去,不跟学生交谈,不跟老师研讨,也提不出课程内部的教学问题,当任课教师向他征求意见时,笑笑说:"不错,很好,现在还提不出什么来。"久而久之,谁也不问了。这不能叫深入。有的却不同,听完课能够经常和任课老师热烈地交谈,明确地提出指导意见,并能从若干课堂所见中提炼出问题,跟教研组和教导处谈出有分析、有见地的意见。这才叫深入。

深入课堂要有目的、有计划、有准备。如果想了解课堂教学的质量问题、教师的教学思想问题,而不止是一般的秩序问题,听课之前就应该认真备课。有经验的校长手边总是要放有现行各科教材的,重点听课前总是要仔细研读课本的有关部分,有的还做有备课笔记。校长听课的备课笔记和任课教师的不完全相同,不是列出很多学科知识的补充,而是从教育的观点,或写出几种处理设想,或列出几处探讨题目。

深入课堂要认真做观察、调查分析和记录。重点听课时,不能自己宽限自己,应该给自己一个任务:听完一堂课,必须能给作出讲评。这样限定自己,就能强制自己不但充分准备(包括教学理论、教材、教学评估),而且积极认真地进行观察和分析。

深入课堂要同时了解师生课前的准备和课后的辅导、复习,还要参加教师的研讨。

深入班级和教研组,也要像听课一样,做到有目的、有计划、有准备、有分析、有归纳和指导。

(2) 超脱其上

我们常见到有这种情形:校长一到学校,就开始紧张地工作,有很多人接连不断地找。对这种情形有人称赞说,工作真深入;也有人不以为然,认为是陷到具体事务堆里了。其实这要具体分析。如果学校很多工作都要找校长决定,包括可以请示主任或其他部门负责人的,也包括原则已定可以由执行者,由职能部门负责人自行决定的,样样难题都来问校长,这就是事务缠身,不得超脱。如果来找校长是为了征求指导意见或者反映情况,那就是另一回事了。指导总是要作的,只是时间分配问题。很多工作离开校长不能定,离开校长开展不起来,校长于是就一件一件地抓,这不是好现象。必须把学校日常工作尽量地从校长直接指令改为指导。

我们还常见到有这种情形:学校里日常工作很少找校长解决。对这种情形有人称赞说,工作真超脱;也同样有人不以为然,认为是高高在上。其实也须作具体分析。如果学校工作各行其是,校长不闻不问,遇到任何具体工作都插不上手,那就无法控制全局。如果不用校长出面,各方面工作都能按计划执行,那就是真正的超脱。

超脱不是目的,超脱是为了争取时间深入调查研究,为了争取时间学习、思考和静观校内外的发展变化,为了发挥职能部门和全体师生的积极性,更是为了在更高的层次上来指导学校全局工作。

在深入下去以后,怎样才能超脱出来呢?

首先,是在一般情况下不要代替下属工作人员的指挥。例如,深入到一个班级，在了解情况的基础上，也可以同一两个学生谈心，帮助他们解决思想问题。但是一般不能在发现班主任使用学生干部、组织班级活动方面存在明显不足以后，亲自去指挥。如果亲自动手地去组织班委会的活动，就会无法超脱。在了解班级工作情况时，应该采用讨论的方式，由班主任自己动手去解决问题。如果发现某一班级工作出了问题，需要学校来解决，最好也是指导或指派教导处负责人去处理，不然就有可能形成了替代教导处的局面。

其次，是尽量避免强行更改下属的已定做法。下属定一件一般的事，总是提心吊胆，当然校长对校内情况处处留心是对的，但不必事事过问，更不要事事干预，要大胆放手。

最后，更重要的是对于深入过程之所见进行分析、归纳、提炼、升华。

(3) 居高临下指导工作

得到第一手材料，首先用来考虑学校工作的总体方向。比如从听课中得到了对全校教师的基本素质和教学现状的评估，就给关于教师提高和教学改革方面采取什么措施，下定怎样的决心，提供了直接的依据。用足够的时间来分析现状，学习理论和外校经验，然后就可以形成初步的意见——抓哪几个问题，从哪个高度起步。假设认定应该下力抓教学秩序、教师提高、培养学生能力三个问题。教学秩序是从课程表不乱抓起，还是从教学进度合理、作业量适当或者从课上组织教学抓起？教师提高是从基本知识补课抓起，还是从现行教材分析抓起。或者从教育教学理论抓起？培养学生能力是从课堂设计抓起，还是从研究学生学习规律抓起？只有深入下去才能获得可靠的感知，只有超脱出来才能形成定见。

得到第一手材料，发现工作中的成绩和问题，还要用来指导和培养训练干部，帮助他们成为更精明能干的人才。据说有这样一位校长，很注意环境卫生，见到大楼正厅不干净，就一边督促学生打扫，一边动手用拖布拖地。手勤可嘉，就是缺乏对责任部门的指挥。时间过很久了，还是没有专人管，校长成了总值周和清扫工。这简直是一则笑话了，但它给人以很大的启发。如果见到了午休时间学生吃饭有很严重的不卫生习惯却没有人管，看见了初中二年级学生下午最后一节自习有不少人淘气，校长怎么办呢？除了做一点仔细的观察之外，可以有几种不同的做法。一种做法是亲自去看管，这是最下策。第二种做法是分别督促教导处负责纪律和负责教学的同志去处理，这比前一种做法要好得多，但是这一类问题在教导处没有明确把它纳入常规工作之前，实行督促不如实行指导。假如在发现这类问题之后，校长亲自去观察了解，分析归纳，再请教导处从学生管理的方面，来研究管理学生怎样从时间和空间的角度去寻找空隙，分派人力加强工作，这就可能调动教导处人员考虑到午休以外的时间，教学楼以外的空间，例如放学后的汽车站、闹市街区等方面的工作。请教导处从教学管理的角度，来研究当前初中二年级的课业负担，学生心理、生理特点，自学习惯等等，并研究日常教务工作应该怎么开展，从而由教导处去直接解决初二的自习纪律问题。这样来指导工作，就是以小见大，以点带面，这就是从深入中超脱出来之后的作用。

8. 发扬民主，集思广益

充分发扬民主的好处，一方面集中大家的智慧，能把事情考虑得更周全、更深刻，另一方面增强群众的主人翁责任感，能把事情办得更好。目前有的地方民主生活不正常，或者是不开口，或者是闹对立，领导和群众关系紧张，心情不快。活跃民主生活是办好学校的一件大事。

(1) 怎样使大家乐于动脑和开口

要使大家乐于开口，必须创造这样的条件：使大家感到校长的民主作风好，使大家感到学校发展前途有望，使大家感到学校任何一项工作都与自己有关，并且自己已经在起着作用，贡献着力量。

校长的民主作风，要从对群众的态度起，要相信群众、依靠群众、尊重群众的智慧和创造力。凡是遇见群众不肯开口或者只提意见不提建议的情况，几乎都是因为他们对领导不感兴趣，认为领导缺乏民主作风。民主作风有两个方面的要求，一是认真听取，二是切实去做。

听取群众意见不能漫不经心。有时有人向领导提出一条意见或者建议，在领导听来，可能是早已解决了的，也可能是肤浅或荒唐可笑的。在提意见者来说，可能是经过反复思索，大胆提出的。对于这一类意见，对提意见者的一片心意，应该给以肯定和鼓励。有的提了意见以后，领导一句话也没说，过后无声无息。这容易损伤提议者的自尊心，对于任何意见都要认真听，认真讨论或答复。

不能走过场。已经决定的事，交给大家讨论，讨论什么？是可行不可行，还是讨论怎么去实施？如果不说清楚，大家对于是否可行提出不同意见，又不能作出有充分说服力的答复，但仍维持原案，这就意味着主意早定了，让大家来讨论就是要听"好"字的，没意思。因此，拿出一件事，讨论什么问题一定说清，讨论中发表的意见如果是对的，要认真采纳。

不能怕讨论提意见过格，在各种不同意见的争论中，不宜过早表态否定其中的某种意见。例如，请几位同志座谈关于如何开展教学改革的实验，会上的讨论出现了热烈的场面。当大家很活跃地互相探讨如何组织一个实验班级，来综合研究和实验几项重大课题时，如果领导去启发大家思考某方面的题目，效果就可能好；如果领导顾虑大家的设想会走到空想之路上去，于是就发言说，我们基本定了，不搞什么什么，不进行什么什么，那么，大家讨论还有什么意义呢？

不能把责任推给群众。大家出主意，工作中一旦有不妥，领导要来承担，不能推脱说：这是某某的主意。

不怕提反对意见。领导的主意，有人反对，领导应该认真去听。反对的意见也可能是对的，也可能有合理的部分，也可能有提醒的作用，起码它还可以反映一部分人对这项工作的理解状况。因此，要高兴地认真去听。如果接受了，当场表态；不能接受，也应该表态说：是你的反对意见提醒了我，启发了我，给我以新的补充，使我的信心更坚定了。总之，使各种提意见的人都感到受到了校长的重视。如果因为有一种专门提意见、这也挑毛病、那也提难题的人，所以干实事的人可能不愿意与之为伍，不愿意去接这种类型的人的话，那么，对于实干家校长要"礼贤下士"，主动去向沉默者征求意见。而对于说空话发空论的人，也不要特意使之难堪，只是在每听完他一次指责后，可以追问："你有解决这个问题的办法吗？"如果方便，还可以适当给一点具体任务，引导他去办一点实事。

有的学校采用征集合理化建议的办法，很有实效。

(2) 在民主的基础上要善于集中

校长出主意，一要求妥当，二要求为大家所理解、接受，利于执行。因此，要把每一项重大决定都放到群众中去，再很好地集中上来。

已经考虑好的主意，凡是在时间上能允许的，直接下达不如先在一定的范围内进行讨论，采用启发讨论式，在听取大家的意见后下达。

酝酿讨论过程中免不了争论。最好的办法是在争论的过程中积极提出问题，引导到统一的正确意见上来。不宜过于急迫地归纳，以防挫伤一部分人的积极性。如果争执不下，领导可以不在当场表态，在时间允许时可以会后个别交谈，明确地谈出自己集中起来的意见，再求得对方的提醒或补充。这样做，意在表明虽然他的意见没被采纳，但是他也为最后的集中意见尽了力，是有贡献的。

该集中的问题必须集中，不能久议不决，也不能让有分歧的意见使各方误认为校长已经同意了他的意见。不该草率集中问题，不要过早地集中，以免增加失误的可能性，也防止人家意见没有说透，集中之后仍然不服和不理解。不该集中的问题不必强行集中。该彻底推翻原议的，不可有任何顾全自己面子的私心，要遵从事理。

（3）对学生也要讲民主

有些事征求学生意见，既要把他们的智慧吸收到学校工作中来，也是对学生进行小主人翁责任感的思想教育。不能只把他们看成是被动的，不能只拿已定的事只让他们去遵守、照办。

发扬民主，集中智慧的方法有个别交谈、座谈讨论，还应该在一定范围内给群众以决定权。

9. 看其主流，用其所长

如何调动教职工积极性的问题，是学校工作的一项重大课题。这里首先是如何看待人和如何使用人的问题，特别是如何看待和使用有明显的严重缺点的人的问题。

（1）看人要多看积极面

每一个人都有他的优点和缺点。首先，优点和缺点都是在比较中被人认识的，但是在比较中，往往会出现错觉。在一所教师队伍很整齐、风气很正的学校里，一个工作任务下来了，绝大多数都能无条件接受，其中某一位却提出要有条件地接受任务，比如提出"这个任务完成以后可别再抓我了"这类不算难为人的要求，也会被看作是不足。在一所秩序不算好的学校里，一个工作任务下来了，多数人一时难以接受,其中某一位却提出:"第一,把另一项工作任务拿掉;第二,这个任务完成以后不能再给我加码,只让我上几节课吧。"因为毕竟有人承担了,所以理所当然地被看作是优点。这是一种横向对比。一位同志在学校工作几十年,他所承担的工作总是默默地去做,从来不用领导担心,但是却可能被忽视,认为这是平常事。一旦他因故离岗了,领导才突然发现这位同志的岗位是重要的,承担的担子是重的,工作难度是大的,后继者两三个人也没有他一个人做得令人放心,但是这种发现为时欠晚。这是一种纵向对比。校长在比较中去认识人、评价人,注意避免错觉,要纵横全面来分析。

其次,认识人的优点和缺点时,感情在起作用。认识的表面性和片面性是不好的,但是一切认识都是从表面和一个一个的片面开始的,只是不要凭表面和片面的感知下结论。因此,校长对于教职员的评价,不要凭短时间的接触,几次打交道就下结论,尤其是不可凭几次不愉快就下定论。按一般感情变化的规律,常见这几种情况:①优点多的,群众评价好的,跟领导合作顺手的,一旦暴露了缺点,容易被谅解,也容易被理解为偶然、不巧;相反,缺点多的,提意见常带"刺儿"的,或者工作靠不住的,长处不容易被重视,工作出现问题,哪怕出现的问题是纯属工作条件造成的,并非责任事故,也不容易被谅解,常常听到"又是他,没治了"的感叹声。这就是感情上的不公平。②甲在认识之初对自己有所约束,乙则一如平时。所以从一开始就形成了初步印象,认为甲是好的,乙是差的。时间长了,尽管乙的缺点实在是比甲多,而且严重,但是对甲的印象越来越比原来的差,对乙却没有大变化,所以也容易对甲加重恶感。到这时如果甲、乙的工作出现了类似的漏洞,也很容易把甲看得更重些,甚至把甲在当初对自己的收敛、约束看成是假象。这也是感情上的不公平。③每个人有自己的好恶,有的最厌恶贪,有的最厌恶酷,有的最厌恶懒,有的最厌恶诈。如果以个人好恶为评价他人的标准,就容易误解人,容易把问题看重了。这又是感情上的不公平。校长在衡量人的优缺点,特别是缺点的程度时,要努力排除感情上的干扰,不能感情用事,不能嫌弃人。这是团结、调动教职工队伍的一个大问题。

最后,看人的优缺点还有一个思想方法问题,即在看一个人时,是把更多的精力用来发现他的优点、长处呢，还是用来寻找缺点毛病？一种思想方法，总认为学校每项工作理所当然地都应该有人自觉地干，都应该干好。结果很快就会发现，这里漏岗了，那里干差了，这个人暴露了私心重的缺点，那个人暴露了配合差的毛病，问题越来越多，人呢，也是有问题的越来越多，令人放心和满意的越来越少。这种观察问题分析问题的思想方法是消极的，是形而上学的。另一种思想方法，充分认识到今天学校教育工作任务的分量和难度，充分估计已完成的工作部分的价值以及从中看出的人的积极因素；在肯定成绩、看到人们的优点长处的基础上来分析未完成的工作部分的难度，再从这里看人们的工作，又可以分为较好和不足两部分。这样来看问题是较为公平的，也是积极的，辩证的。积极的思想方法也要找问题，找人的缺点毛病。但是找缺点是在肯定成绩、肯定长处、肯定主流的基础上进行的，并且找缺点的目的是为了帮助克服，而不是为了作出一个否定的结论。因此，校长对于每一个教职员都应多看积极方面，也不妨给每一个人立一个户头，专门作一下关于他们各自工作成绩、优点长处的记载。

(2)要肯于使用有严重缺点的人

每一个人都有优点和缺点，而且只要工作，就都会有成绩，也都免不了犯大大小小的错误。有的人能力和水平差，有的人工作态度和责任心差，有的人个人修养差，在工作中失误较多，或者直接使工作贻误，或者使关系紧张，多次给领导造成麻烦。在这种情况下，又不是一两次批评所能解决问题的，于是就很容易产生"不用他"的想法。校长在用人方面的领导艺术，不但在于不用某某人，而且在于肯于大量地用人，善于用人，使用得当。尤其是目前我们的师资队伍现状，困难重重，不用这个，不用那个，这是客观事实所不允许的。应该有这样一个观念：除极个别根本不适于在教育部门工作的以外，对于绝大部分人来说，只有没有使用得当的，只有不适合于做某些项目工作的，没有没用的。任何人都有自己的长处，每一个人又不止有一个长处。深入分析，努力寻找，总能使学校的每一项不可缺少的工作岗位都能有相应的人去干工作，也总能使每一个人都能有比较适合于自己的工作。

（3）扬长避短

一位教师几年来换了好几个班级任课，反映都不好，课堂纪律乱，完成不了教学任务。研究原因时认为他和气有余，却不善于管理学生。后来改做教务工作，由于心细，责任心强，老师们都很满意，自己也从此解除了烦恼。这一类例子很普遍。这样调换工作，就是扬长避短。

一位同志特别健忘，思维条理不是很清的，惰性也较大，一位同志不愿意钻研教材，坐不住凳子；一位同志性情过急，做班主任经常伤害学生的自尊心……这样的人员，怎么去用呢？这就要具体地去分析他们的长处。假如第一位是能坐住凳子，并且能听从支配的，字也可以拿得出手，就可以考虑去承担任务相对固定、有人直接领导（而不是完全独立工作）和抄写有关的工作。假如第二位的组织活动、联系能力和兴趣较强，就可以考虑避开业务领导工作，避开相对独立的教学工作，甚至在有可能时避开教学工作。对于缺点突出、任何部门都不愿意使用的，更应该想法安排。表现好、能力强的同志也存在长处和短处，同样应该考虑扬其所长、避其所短。

学校的工作项目和工作量是相对固定的，因此不可能做到使每一个人都能扬其最擅长之处，一次工作安排不可能使每一个人都极为满意。但是，依据所有人员的工作能力、志趣爱好、性格特点、工作态度和品质修养，来研究工作岗位的分配，总应该去求取工作效果的最大值。应该保证少数人得到最大发挥的机会，使多数人得到较好的发挥，使另一个少数在最低的起点上也能有所发挥。学校不能轻易采取因人设事的做法，但是必要时在工作许可的情况下也要积极创造发挥人的才能的条件。

校长调动教职工的积极性，根本点在于掌握人的长处和志趣，量才使用。虽然全校每一个人的分工职责不一定完全由校长拟定，但是必须重点拟定，并且通盘审定。一次分工之后，还要不断地考虑局部的、个别人的调整。

10. 疑而不用，用则不疑

工作能力低，不能胜任本职工作的，工作不够勤奋，不能完成本职工作的，工作缺乏老实态度，不能保证工作质量的，以及作风不够正派，背后搞小动作的，领导对于他们当然不能放心。有时因为对于这些人不放心，从疑虑进而到怀疑，从对个别人的疑虑进而到对更多一些人疑虑，甚至对于部门负责人也怀有疑虑。这也是校长工作的一大忌。既然任用了，就不应该再怀疑，因为领导与被领导之间必须建立互相充分信任的同志关系。

(1)任用就是以信任为基础的

应该相信每一个工作人员吗？每一个工作人员都值得相信吗？是的，他们都值得相信，都必须相信，只是具体相信的内容各不相同，相信的程度也略有差异。

如前所述，任用人要量才而用。学校里各项工作、各种工作岗位，和产业部门的情况不完全相同，其要求程度伸缩性比较大，这是脑力劳动的特点，也是以人为工作对象的工作特点。所以在任用人的时候，那些工作指标要求比较严格的岗位，总是应该由能力较强、责任心较高的人去担任的。任用他们，就意味着在校长的心里认为他们比较合适，估计到他们最起码也能够完成工作指标的下限要求。校长对于学校职能部门的负责人、教研组长等骨干队伍，更应该充满信任感。

对于各个工作岗位，不应该抱怀疑之心去用人，即使由于目前教师队伍现状严重不齐，也应该对大多数投以信任。只有对于下属坚信不疑，才能使下属对领导者、对学校整体工作的顺利进行坚信不疑。因此，在任用各处室主任以及教研组长、班主任等重要岗位人选时，校长要表现出对他们应有的信任。

(2)使用过程要放心、放手

信任，就是把工作的职权委托给他们，放心地让他们放手大胆地工作。

放心，就是相信他们的能力和责任心一定能够完成工作任务。有人以为所任用的人"不是自己人"，自己在正常工作关系之外安置"监视器"，让"自己人"来汇报情况。这是极不正派的帮派作风，正派的领导者一定不要这样干。有人害怕自己成了瞎子聋子，因此在自己动手了解情况时，常常有不谨慎的表现，例如，在了解某项工作情况时，过多地询问有关这项工作负责人对自己的态度。这种不自觉的不谨慎的做法也是容易引起该项工作负责人的误解的。一个自认为没有得到领导应有的信任的人，很难充分发挥长处干好工作。

放手，就是尽量少去限制、干预他们的独立工作。校长对直接领导的职能部门负责人，可以实行约束在前，指导在后，不宜实行拉着他们的手，走一步扶一把，做一件事管一件事。不能使他们感到在职权范围内决定一项常规工作说了不算，对错无所适从。例如，教务处决定派人到外校听课并参加那里的教学研讨会，校长却认为人选不当，指令教导处换人，甚至于认为这边串课程表不合适，指令取消此行。这样做不但打乱了教导处的计划，而且使教导处的负责人上下失掉信任感。如果认为必要，或者在事前提出要求，或者事后（一定在事后，而不是当时）指出教导处这个决定的不足之处，以便改进今后的工作。如果没有必要，虽不尽妥当，也不宜多管。

放手当然不等于放任，信任不等于言听计从和完全不管，也还需要检查督促。检查督促，如果是特地去查毛病，或者查下属是不是可靠，那也是不妥的。但是，检查的目的放在了解工作进程和状况上，做到心中有数，这就是工作调查的性质；检查的目的放在发现执行者对工作部署的领悟程度上，放在发现部门间配合的不足上，放在客观情况的新变化、工作的新难度上，这就是工作研究和调整的性质；检查的目的放在提醒和批评惰性上，这就是督促的性质。检查工作的做法得当，不但不能损伤信任感，而且可以增强信任感。

要注意的是检查工作时如何开展批评。情况和条件变了，出现了新问题，下属执行校长的指令有所不足，一般不要批评。领导该承担责任的不能怨下属在职权范围内决策失误，一般不要批评指责，要帮助指导分析。违反指令要分析，对于无意违令的，也不要过分指责；对有意违令的，批评要选择恰当的场合。除极个别不可信任必须立即撤换者外，凡是任用的，必须自己信任他，也使他的下属直接感觉到校长对他的信任。

(3) 慎重而妥善地处理好各种反映

有时校长会听到有人对于主任、组长中某些人的反对意见。这是一个矛盾，既要信任这些人，又要听他们的下属和周围人的反映，听了这些反映信不信？怎么处理？下面举例来分析说明。

有人来反映说，某位主任有某一方面的问题。校长对于这种反映，一要听，二要查对分析，三要有慎重而妥当的处理。

首先，看反映的问题是什么性质，是工作方法、工作作风和工作纪律方面的，还是思想意识方面的。要看反映问题的人所持的观点是否正确。

其次，看反映问题所根据的事实，要考察了解，要看与事实是否相符。如果事实不符，是误解还是夸大或者编造。

最后，要看反映问题的人和被反映者的工作关系和个人关系，以此作为分析问题的参考。

根据分析的结果来决定，或者需要向反映问题的人解释，或者需要适当地向被反映者做说服教育工作。如果反映是事实，问题又是严重而急迫的，要及时处理。校长一方面要欢迎和鼓励群众把他们对主任、组长等人的意见提上来，也劝导他们在方便时向被反映者本人提出；另一方面把合理的正确的意见变为自己的意见善意地提给当事人。广开言路，但切不可听见风就是雨。有的校长性情过于急躁，听到一点反映，还没有查实，就向副校长大声布置说：某某在某方面不行，你去过问一下，甚至还说：你找他谈谈。这样的做法都不妥。

为了保持和干部、教师的互相信任关系，校长要格外警惕两种人：一种是以反映问题为名，向领导吹风，意在破坏领导对他所指的人的信任感。这种人很注意所提供事实的分寸，因为他知道校长是会查对的。但是他在所提事实（工作中真实的缺点）的基础上，恶意地分析所指的人心怀不善的动机。另一种是以汇报自己工作的设想为名，拿到领导的几句肯定评语之后，作为不接受他的垂直领导的借口，意在破坏他所指的人的威信以及信任感。对这两种现象，如果条件允许，都应即刻进行正面教育，对前一种要制止他离题的分析，对后一种要限定他行动的领导层次关系。如果有人伪造或曲解、盗用校长的话，必须查个水落石出。要知道，保持和增强信任感，除了放手、放权，不听谗言是最重要的了。

11. 关心爱护，以诚相见

教职员工经常会在工作上、思想上、生活上遇到各种困难，亟需领导的关心和帮助，其中以精神上的支持、思想上的爱护最为重要。

大家分别接受了各自的工作任务，其中有些人不但自己有一份教育、教学工作，还要去带别人，负责一个方面或一个集体的工作。在工作过程中免不了挫折和困难，或者工作出了差错，或者受到别人的冷淡，或者自己思想方法、思想意识出了毛病。在这样的时候，领导不要冷落了他，不要嫌弃，而应该给予温暖和力量。

一位教研组长是校长亲自任命的。由于他初次承担这项工作，缺乏应有的经验，本人资历也比前任组长浅，更兼性格内向，所以在最初的半年里，日常教学业务的组织工作和几次组内大的活动，都不能令人满意。这时舆论的压力来了，有人也提议是否再换一个人。校长遇到这种情况该怎么办呢？在这种时候，这位组长最需要的是信任，而不是负担。其他人既盼望这个组的工作能上去，也要观察领导怎么来处理。作为领导者，任用一个干部时，从一开初就不应该有试试看、不行再换的思想，而应该把对这个组的一切希望都寄托在所任用的人身上。所以，这时校长在主任面前、在这个组里、在这位组长面前以及在其他老师面前，不能流露出对这个组长的不满和不信任。坚持继续信任、继续使用，不能在几次不如意之后就对他们失望。这是关心爱护教师的第一点。

第二，广泛团结，一视同仁，不因违己者妒。谁都喜欢跟自己合作的下属，喜欢听从指挥的干部。上下合作，是办好学校的必要条件之一。但是，由于校长的意志不可能百分之百都正确，由于人们的思想意识不可能百分之百都纯正，所以，任何一所学校也不可能百分之百处处听从校长，也很难百分之百人人都与校长合作。善意的反对者和有思想隔阂的反对者总是有的。一旦有一位思想感情抵触，而又被校长委以重任的人，其不正常情绪在几次工作中有所暴露，校长怎么处理才好呢？强行压制不是好办法，放任不管也不行。对于反对自己意见的人，要认真听取他的意见，努力从中吸收合理的部分。对于确实因为感情抵触的，也要努力去做工作。校长要从爱惜人才的角度来考虑和处理反对者。胸怀宽广，才能团结全校的绝大多数。

第三，当一个具体工作人员在工作中出了问题，包括给学校、给校长造成很不好的影响时，不能为了一时出一口气，不讲方式和场合乱批一顿。

"恨铁不成钢"，用过重的语言，把犯错误的人搞得对外威信扫地，对内丧失信心，这不是爱护。如果考虑到必须当众公开批评，也要做细致工作，如：①仔细分析错误的性质、程度和造成错误的原因，以使批评用语能恰如其分。②先跟本人谈话，既利于他从感情上和道理上接受教育，又能给他一个作自我批评的时机。③会上批评，应该一事一议，就事论事。一般不要针对某一个人算总账。比如，公开批评一件事，对直接责任者批评说："你一贯目无组织纪律。"这是对一个人某一方面总的评价，这样的用语不要轻易使用。

　　第四，对于干部工作中的责任事故也不能护短。一人工作出了差错，必要时领导要承担一定的责任，该承担的不承担，是不公平的。布置一件工作，受方提出了意见，领导没有接受，问题恰恰出在这上面，这时，领导不能指责执行者，应该承担过来作自我批评。但是承担责任也有一个限度，不能无边。干错了事，不问事由，都由领导承担，那就是一种护短。护短不是爱护，特别是在思想意识方面出了问题，更不能护短。

　　第五，更重要的是要心诚。要设身处地，为每一个教职工着想。平时能够为每一个人着想，在他们遇到困难时就会认真去努力帮助解决了。要以诚相见，诚以待人。对于平时工作好、思想状况也好的同志，也要经常关心，或者直接、或者通过分工间接去做工作。对于跟自己思想上有隔膜、有误解的同志，更应该注意多关心，"精诚所至，金石为开"。讲道理少用"官腔"，谈看法不说假话，征求意见要真诚而不走过场，解决困难要办实事而不卡"原则"，说到自己的缺点不掩饰。只有校长把人家当做知己，才有可能使心理隔阂逐渐消除。对于工作一向顺手的同志，不能只顾使用，要多考虑他们的困难和需要。有一则故事，说的是学校的一位女收发员。自从那所学校成立，她就当了那里的收发员。三十多年过去了，包括校长在内，谁也没有过多地注意到她的存在，因为学校里从来也没有在收发室里出现过问题，没有人感觉到收发工作的分量。后来她退休了。在她离开以后大家才感觉到需要她，才感觉到她三十年来默默地承担了很重的担子。因为在她离校的第二天，几个办公室同时发现了地没有扫，开水没有打来也没有烧好，办公桌上乱成一片；各班教室同时感觉到院子里吵杂声太大，进进出出的人没有人管。原来这种看起来很平常的事，平时都是女收发员做的，从来没有差错。在学校里，特别是在学校任课的教师里，有很多默默工作的人，他们自己在默默地克服着各种困难，包括思想上的困难。校长必须把他们装在心里。

12. 严格要求，赏罚分明

管理学校，不但要有思想上的要求，还必须实行严格的纪律。师生的共同心理是希望校长能认真执行纪律，在纪律面前能够体现公平合理。有了纪律要求了，对于违反者的批评或者处分，还是一件不容易的事。大家都希望能做出好的工作成绩，因此也都能接受对于工作质量的要求。在工作质量检查中碰到了问题，开展批评也不是容易的事。因此，有的领导有时可能想，要求一下，起一个督促作用，多数推动起来了也就可以了，眼下如果过于认真去处理，反而起了冲突矛盾，不得安宁了。于是总想采取放宽的态度。如果这样做，眼前可能平静一些，但是以后会松懈下来，不可收拾的。而纪律要求一经明确之后，积极者总是占主体的，他们希望能够得到贯彻执行，并且也需要对他们的成绩加以认可和必要的表彰。该罚不罚，就是打击进步；该奖不奖，就是对后进者的放纵。因此，为了指挥调动得力，必须坚持严格的要求，赏罚必须分明。

提要求要合理、明确，而且严格。

首先，提要求要合理。所说合理，就是指既符合教育规律，又是学校师生经过努力可以做到的。有人在接待校外客人时，听客人说："你们在学校里工作也真是不易呀，你看，这一下课操场里跑跑跳跳的，太闹人了。"于是这位同志就拟定了一条要求：课间在楼内不准说话，有话到操场去说；课间在操场不准跑跳，到下午体育活动再去跑。这一类要求显然不合理，它不适应青少年年龄特点，同课堂45分钟之后安排这个课间休息时间的用意相违背，而且也做不到。有人提出加强初中语文的写作练习，要求除了课堂作文以外每周要写1—2篇课外作文，并要求语文老师全批全改。多写多批改是好的，但是一位语文老师教两个班，每个班的学额又大，全批全改是无法完成的。但是有些最低的要求，是必须做到的。比如，对于教师如果从最必要、最容易做到而又不言自明的要求中，强调几条（如按课程表到班上课，上课要写教案，对学生作业要及时处理等），就是合理要求。

其次，要求要明确。所说明确，是指明确区分倡导性要求和规定性要求的区别，以及每项要求的内涵、外延和每项要求的下限。对于规定性的要求，也要力求讲清道理。例如，有的学校提出，教师的衣着必须讲究，女教师在学校面向学生的教育、教学中，不准戴项链、穿超短裙和大高跟鞋。提出这项要求时，要讲清这是规定，不是倡导。还要讲清提出这一规定的原因是防止引起学生不必要的特殊观察和议论，防止分散学生的注意力和防止教师尊严在学生心目中受到损伤，防止由此影响教育教学的效果。同时也要说明，限制的是向学生施教的时间和场合，并不限制教师在家里、在其他社交活动中的衣着。

最后，要求要严格，尤其是对于规定性的要求更要严格。在教学秩序方面，应该有步骤地从低要求开始，向高要求过渡。在教学质量方面，应该抓住重要环节，少在形式上作文章，多在质量分析检查上下功夫。在各种要求中，要宽其所应宽，才能严其所当严。就是说，严格要求不是处处都加以约束，而是只在重要环节上提要求，每一项要求本身要严格。不可以看这不顺眼，随便下一道指令，看那不顺眼，顺口又讲多少个"不准"。

对于执行要求的情况要有赏有罚。

在每一个学期，校长有必要明确几条重点要求。对于常规要求，应该组织学校里的检查系统加以检查督促。对于特别提出的重点要求，一定要认真检查，作出较细的统计分析。凡是重点提出的要求，有言在先的，为绝大多数人所接受的，就必然要进行奖惩。现在看到虎头蛇尾的情况不少，开学初讲得很严厉，但却并不认真去查，更没决心去处理。为什么有些人置各种制度与要求于不顾呢？就是因为摸透了一些人的脾气。

随着管理工作的加强，只要决心去实行奖惩，除了教育教学质量评估这个大问题较复杂外，教育教学秩序和遵守规章制度方面的情况不难断定其优劣。

奖惩要考虑效果。决定奖惩效果的是：①依据是否可靠，即原来的要求或者规定是否合理，考查统计办法是否科学，所据的事实有无出入。②分析评价的标准是否一致，有无偏袒。③奖惩前后是否进行了细致工作。影响奖惩效果的因素，主要是"人情"，它可以导致评价不一或者处理的程度不当。

例如，关于教师没请假迟到误课一事，该不该批评？有二位教师，先后各迟到误课一次。甲以前出现过类似情况，乙是第一次。甲乙二人其他情况都近似，家远要坐五站汽车，带一个没上学的孩子，都因为冬天挤车困难，没有按时到校。但当校长问到主管主任关于甲的问题时，他向校长说：请不要批评吧，冬天路远，车难上，带个孩子不容易。过几天这位主任却来汇报乙，说：这得批评，路远的多着呢，老师不是坐班制吗？要是工厂工人，能不扣奖金吗？校长听了以后，列出一个调查表，让这位主任把甲乙二人的几个情况列出一张统计表（实际是对照统计表），并让他提出统一的处理意见。这时，他才收回了原来两次互相矛盾的话，请示校长按同一的衡量标准处理。

此外，领导要以身作则。对师生提出的严格要求，校长必须身体力行，这是实行赏罚的前提条件之一。

第二节　常规工作45例

1. 怎样熟悉校史

回顾学校发展的历史，能够得到借鉴、受到启发，从而有利于革除积习，继承和发扬光荣传统，使学校越办越有特色。因此，作为一校之长应该熟悉自己学校的历史，把它作为一面镜子。

要了解学校的历史沿革，包括何时建校？隶属关系、学制、培养目标等发生过哪些变化？领导体制、内设机构等又是怎样适应这些变化的？

还要了解历任校长治校的经验和特点；了解他们曾取得的成就或工作中的失误；了解成就可以增强自豪感和成就欲，鞭策自己开创新局面，取得新成就；了解工作中的失误可以汲取教训，免得再走老路。

熟悉校史途径很多。比如，翻阅反映学校历史的文献资料。已编纂的校史，校史是最好的资料，应该认真阅读；没有编纂校史的，要有目的地收集能反映校史的有关资料，边收集边阅读边整理，为编纂校史做好准备，尽快编写出校史。再比如，召开老教职员工座谈会和老校友座谈会，请他们讲校风，忆传统，再现校史。如有可能，还应主动去拜访历任老校长，请他们介绍学校的历史。这类活动应事先打招呼，说明目的，让人家早做准备。

熟悉校史很重要，真正做到也不难，就看能不能给自己提出这样的任务。

2. 怎样编制学校发展规划

每所学校都应该有自己的发展规划。有了规划，大家就会感到有奔头。一张令人鼓舞的规划蓝图，能够有效地调动广大教职员工的办学积极性。所以，现代管理理论强调：作为学校校长，最重要的职责之一是编制规划。校长上任时，对本校长远发展方向，近期、中期的奋斗目标，自己准备怎样带领全校教职员工去实现这些奋斗目标等等，都应该做到心中有数。

编制规划大体可分三个阶段。一是确定目标。目标是规划的核心，要明确具体，反对假大空。二是考虑实现目标的方法和手段。三是考虑反馈系统，怎样及时反馈，监督规划的贯彻落实。具体制定时还要注意以下几点：

规划一定要从实际出发，使之立于不败之地。比如，维修和扩建校舍，改善和增添设备要涉及经费、物资；增加机构和教师要涉及人员、编制。这些有关人、财、物的规划，要特别慎重，既要考虑需要，又要考虑可能。除了立足于自己力量基础上的项目以外，一定要和主管部门打好招呼，征得同意，以防落空。对于学校管理、教师进修、教改实验、提高教学质量等方面的规划，既要有明确的目标，又不要乱提口号，要注意其科学性和可行性。

规划一定要发动大家来订，取得坚实的群众基础。一个人或几个人冥思苦想出来的规划，即使符合实际、切实可行，但由于没有群众参与，执行时有的群众可能因为不理解而积极性不高，有的可能感到与己无关而漠不关心。如果让更多的群众参与制订发展规划，不仅可以集思广益，把规划订得更加符合实际，而且能使大家增强主人翁责任感，对于执行自己参与制订的规划会表现出更大的热情，会更自觉自愿地来实施这个由共同劳动所产生的规划。

规划要由近及远，近期的目标要具体，长远的设想要留有回旋余地。一般可编制三年规划、五年设想或五年规划、十年设想。

3. 怎样制订好学校工作计划

校长要把每学年、每学期的工作组织得有条不紊，并使一些需要长期进行的工作（如教育科研、教改实验等）一茬接一茬地延续下去，必须制订好学校工作计划。

学校工作计划一般在期末总结工作的基础上进行。假期是酝酿工作计划的好时机，作为校长要抓住这个时机，对下一个学年或下一个学期的工作进行全面的、深入的思考。

先要掌握上级精神。可以学习领导机关发的文件，也可以走访主管部门询问即将要部署的主要工作，了解上级领导最关心的问题和最感兴趣的事情。还应广泛学习兄弟学校的新鲜经验以丰富自己的思想。

在领悟上级精神的同时要认真分析学校的基础和现状。包括学生德、智、体诸方面的现状、教师的教育思想及教育教学的实际水平、存在的矛盾和问题等等。这期间可以通过各种座谈会和个别谈话广泛征求干部、教师的意见。

总之，在决策之前应该广泛收集情报信息，深入进行思考，多方加以比较，然后亲自动笔起草，不要让秘书代劳。校长亲自起草工作计划是很重要的。因为把自己的想法用文字固定下来，是认识深化的过程，这种深化的结果才是计划思想的成熟。

另外，工作计划要有重点，不必面面俱到，年年如此，成为例行公文。常规工作不一定每个学期都写进工作计划。每个学期应该突出抓好几件事。这样，每个学期在完成常规工作的基础上能有一定的突破，一个学期一个学期地接下去，学校就会有明显地发展和进步。

计划草稿拟定以后，要进一步在教师中征求意见，进行修改、补充，定稿以后再正式下发执行。

4. 怎样编排校历

校历一般按学期编排。什么时间开学、什么时间结束课程、什么时间期中、期末考试以及什么时间召开全校性的重要会议，诸如开学典礼、远足、歌咏比赛、运动会、结业式、毕业典礼、重要的纪念性活动等都应在校历中反映出来。

编排校历的目的在于加强工作的计划性。校历向师生公布以后，相当于出一个告示：在什么时间干什么事情，大家心里都有数，便可以早做准备。

校历一经排定最好不变，坚持这样做，才能不断提高校历的严肃性和权威性，加强工作的计划性。要做到这一点，校长必须熟悉学校的工作规律，充分估计可能出现的各种时间冲突，在安排校历时主动加以回避。

5. 怎样安排工作日程

学校里除了要制订学年和学期工作计划以外，还应安排工作日程。把一周里的主要工作排个日程表。什么时间、在什么地点、由谁负责、做什么事情、哪些人参加都写清楚。一张好的工作日程表，实际上能起着指挥全校工作的作用。

排日程表的工作，校长可以请办公室主任或教导主任协助。学校领导和各部门的负责人要想把某项工作排入下周学校工作日程，可事先向办公室主任或教导主任提出；办公室主任或教导主任也可以主动询问有关领导和部门负责人在下周有什么打算，然后综合所得情况，按轻重缓急排出下周日程草表，送校长审定后打印或复写若干份，在周六下班前或周一上班时发给有关人员，每个教研室或办公室也至少要发给一份。大家看到日程以后，便可以根据学校的日程来安排自己的时间。与自己有关的工作该早做准备的早做准备，与自己无关的事情，也用不着分心思再去考虑，可以毫无牵挂地去做自己的工作。

实践证明：坚持排周工作日程，尽量减少或避免随机安排活动或找人开会，这是提高工作效率的一项有效措施。

6. 怎样记校务日志

校务日志应该由校长亲自记载，记校务日志的过程实际上是了解情况、收集反馈信息、积累资料和经验体会的过程。这项工作如果由别人代劳就失去了意义。

校务日志上应设有一些固定栏目：如缺勤的教职员工姓名、事由，迟到、早退和缺席的学生人数、事由等。坚持填写，并在期末做出统计，不仅是有用的资料，而且可以从中发现一些规律，必要时采取一定的预防性措施。

除填写固定栏目外，主要是从学校教育的角度选择大事加以记载。综合宜少，典型宜多。综合印象、概括性的评语写上也没有多大保存价值。而典型事例应该还其本来面貌如实记载，要写出情节，写出发展过程和处理结果。这些资料积累起来会成为将来研究学校教育的宝贵素材。

现代著名教育家苏霍姆林斯基从1948年起到1970年的20多年间，担任学校校长。他认为，要进行教育探索与研究，必须具有长期脚踏实地的治学作风。这种作风就是天长日久地积累并分析研究原始资料，具体地说，就是坚持作教育现象的观察笔记，并以纵横联系的观点分析纷繁复杂的教育现象，从中得出合乎规律的结论来。他在日记里详细地记载了许多学生的智力、品德表现和体质等情况。这些记录成为他研究教育理论的宝贵资料。

作为校长，在领导学校的工作中，总会有得有失，把这些经验教训记录下来，就会逐渐积累很多资料，经过分析、提炼，上升到理论认识，再回到教育实践中去检验，正确的坚持，错误的修正，就可以减少教育工作的盲目性，增强自觉性。因此，应该提倡校长亲自记校务日志。

7. 怎样记录异常事件

过去发生的异常事件，有时能成为很有说服力的反面教材。比如，校长如果对本校历届学生违法犯罪的情况有详细记载，那么，在向学生进行法治教育的时候就可以从中选择比较典型的案例给学生作报告。这样的报告不仅容易做到思想深刻、观点新颖、所举材料详尽妥帖，而且由于事件就发生在本校、发生在同学们身边，因而会格外有说服力，收到良好的教育效果。

学校中发生异常事件，校长应该把它记录在专设的异常事件记录簿里，作为特殊的"财富"。比如，学生对某位老师讲课有意见，领导长期不过问，不解决，最后学生集体到校长室请愿，要求撤换这位老师；班级之间因为某些小事发生了矛盾，老师不注意做班干部思想工作加以缓解，结果矛盾逐渐发展，会造成严重后果。

这些异常事件的发生并不是孤立的，偶然当中带有一定的必然因素。坚持记录、研究偶发事件，从中发现某些规律，研究预防和根除的措施，可以说这也是校长的一种领导艺术。

8. 怎样写工作总结

学年（或学期）工作总结是一项重要的工作。这种总结，是全体教师前一年的创造性劳动的概括,也是下一学年工作的方向和借鉴。但是对这项工作常常有两种不同的态度和做法。苏霍姆林斯基批评说,有些校长做学年总结是为了"应景"和"交差"。他们不是亲自动手,而是委托给教导主任和几个教师,每人写一段,然后拼凑起来,这可以说是"剪辑式"的工作总结。然而,没有认真的总结,也就不会有好的领导。

苏霍姆林斯基还认为:"校长要善于从日常小事中看出本质,由具体到一般,再由一般到具体,这就需要概括、需要总结。总结就是去把握事物的规律性。校长就是依靠规律性的认识去领导学校工作的。为什么有些学校的工作年复一年地踏步不前呢?其重要原因之一,就是学校领导人也陷入日常小事之中,不善于得出概念性的结论。因此,可以说,没有总结就没法工作。"

总结的素材靠日常积累。如果坚持记校务日志,坚持记录异常事件,并经常加以整理和思索,从许多具体事实中抽象概括出一些结论和观点,那么,总结时便有了丰富的素材。

总结要有一定的深度。工作计划中提出的问题解决得怎么样?规定的目标和指标完成得怎么样?已经做到哪些?还有哪些要做?其中的经验和教训是什么?都是要加以总结的内容。不过要切忌形式主义地开流水账:在德育方面采取了什么措施;在劳动教育方面采取了什么措施;在提高教学质量方面采取了什么措施……这种罗列现象的总结是毫无用处的。所以,一定要抓住重点,在分析上下功夫,以便发现规律,吸取教训,作为下学年的工作方向和借鉴。

9. 怎样总结典型经验

"胸中有全局,手中有典型"这句话如果是说给某个领导干部的,那是一种很高的评价。作为一个颇有领导水平的校长也应该做到胸中有全局,手中有典型。指导工作时不是空泛说教,而是利用典型说话,让典型现身说法。实际上,有了典型,便等于树立一个具体的追赶目标,大家自然要去追赶。这样,就容易创造出一个一马当先,万马奔腾的局面,工作就会有声有色。

有些校长往往埋怨自己学校没有典型,其实不是这样,而是自己没有识别典型的慧眼和魄力。一方面不善于抓事物的本质属性,常被一些无关紧要的东西遮住视线；另一方面怕树立典型以后打破原来的平衡。其实这种担心是没有必要的。树立典型以后出现的不平衡是向前发展中的不平衡，待后进赶先进重新达到平衡时，便达到了一个更高的水平。

总结典型经验不一定校长亲自动笔，但校长必须对要总结的典型亲自进行了解，掌握其特点，并向执笔人提出如实总结的嘱咐。注意防止"虚构渲染""移花接木"，影响典型的威信。

10. 怎样作报告

校长每学期都要作几次报告，有的是面对全校教职员工讲的，有的是面对学生讲的，有的是面对师生员工讲的，有的还要面对学生家长讲。每次报告，事先应有明确的目的和鲜明的主题，并针对不同的听众，认真组织报告的内容和用语。决不可杂乱无章、随机发挥、信口开河。

须知：校长作报告的质量，不仅直接影响报告内容的贯彻落实，而且直接影响校长的个人威信。实际上，师生员工一边听着校长的报告，一边在内心里对校长的水平进行评价。同时自觉不自觉地对报告做出相应反响。因此，校长作报告之前一定要认真准备，代表自己的最高水平。特别是到任的第一次报告更为重要。准备报告稿时一般应注意以下几点：

①针对性要强。报告的内容应该是大家心里所思而嘴上又无的东西，讲大家想讲但还没有讲出的话。这样才能引起听众思想共鸣，达到讲话的宣传鼓动作用。

②要尽量带有理论色彩。不光要讲是什么，同时要讲为什么。要联系本校师生员工的实际，用正、反面事例加以说明。为了加深印象，还可以引用国内外著名教育家的论点，联系国内外有名人物的成功经验，这样使理论形象化、具体化，易于为师生所接受。

③要讲自己的话。有的校长作报告，请别人写讲话稿，自己上去念稿，效果是不会好的。

人们常说：校长是教师的教师。教师给学生上课之前是必须认真备课的，不备课就去上课往往被看成是教学事故。但不认真准备就去作报告的校长往往没人指责，这大概就是许多人作报告质量不高的原因所在吧！许多优秀教师给自己规定了一个信条：不备好课不上课。想成为一个好校长的人也应该给自己立一个规矩：不做好充分准备不登台作报告！

11. 怎样和教师谈话

作为校长要经常和教师谈话。有时是碰到一起随便说起来；有时是教师特意找上门来谈；有时是校长主动找教师谈。无论哪种情况，校长的话都会引起教师的注意。有时校长无意中的一句话，竟引起了对方一系列的联系和猜想，甚至产生了某些精神负担。之所以能出现这种情况，一方面是校长职权的影响，另一方面是教师独有的工作特点决定的。教师培养人才是一个十分复杂的过程。今天所做的工作，在许多情况下要经过若干年才能对它做出评价。正因为如此，其效果就不可能像工人生产机器零件那样，有形有数，能够准确计算。所以，一般很少对教师的工作特别是教学工作公开进行评价。而作为教师本人又非常关心别人对自己工作的评价。这就是教师对校长的谈话过分敏感的原因。因此，校长和教师谈话应该注意以下几点：

要尊重对方，以诚相见。马卡连柯曾说过这样一段话："如果有人问我：我怎样以简单的公式概括我的教育经验的本质时，我就回答说，要尽量多地要求一个人，也要尽可能地尊重一个人。"校长在和教师谈话时一定要以平等的身份相待，校长越是尊重教师的人格，所讲的话越是能进入教师的心田，提出的要求和劝告越能为教师所接受。

要善于发现对方的长处，实事求是地加以赞扬。作为校长要有爱才之心，要善于团结具有不同才智、不同个性、不同教学风格的教师，并把他们的发光点找出来，给它们加温加热，让它们燃烧起来。

批评缺点错误要注意方式方法，使对方心悦诚服。首先要弄清错误事实、思想动机，分析犯错误的原因，了解和掌握对方心理状态，调动其自身的积极因素去克服缺点和错误。教师一旦感觉到校长是在真心地关心和帮助自己，就会激发出改正缺点错误的决心，焕发出更高的工作热情。

12. 怎样和学生干部谈话

校长应该带头研究学生，研究思想教育问题。许多校长感到头疼的一件事，就是经常把精力用在应付学生"出乱子"上，应付教师上交的矛盾上。结果工作十分被动，年复一年，忙得焦头烂额，却不见工作有起色。要扭转这种被动局面，校长要下一番苦功，研究学生，研究思想教育问题。

苏霍姆林斯基认为："科学地研究儿童——这是科学地领导学校和科学地管理教育过程的主要条件之一。"校长和学生干部谈话是研究学生的重要途径。学生干部生活在学生中间，与同学有着共同的生活和共同的利害关系，他们的喜怒哀乐、思想感情乃至言语行动都具有一定的代表性。因此，校长应有计划地找学生干部谈话，了解情况，沟通思想，提出希望和要求。

校长和学生干部谈话也是一种爱护和培养的手段。许多人能终生记得青少年时期校长找自己谈话的内容和情景，这充分说明校长谈话对学生是有深刻影响的。"培养学生干部要像教骑自行车一样，从扶着走到放开手。教训可以转化为经验，幼儿摔跤的结果是学会了走路。"校长不单要把这个道理讲给教师，自己更要作出表率。

和学生干部谈话，最好找一个恰当的时机，不使对方感到突然。谈话时要随和一些，尽量造成轻松自然的气氛。要多给予一些热情的鼓励，巧妙地进行有目的的期待暗示。校长诚恳、热情的态度和殷切希望会激起学生良好的心理反应，他们会更自觉地按照老师和学校的愿望去努力。

13. 怎样和有专长的学生谈话

长期以来，在片面追求升学率思想的影响下，有的教师凡事都与分数对口径，对学生的看法也不例外。对高分学生，缺点毛病再多也不嫌弃；对低分学生，即使在某些方面独具特色也不喜欢。教师以分取人，使得学生也把目光转移到分数上，把精力局限在备考上。许多学有专长的学生也不得不放弃自己的专长去为分数而奋斗。这已成为教育上的积习，必须革除。

社会主义建设事业需要各种人才。作为一个人民教师，应该像一个高明的玉雕大师那样，能根据每块玉的大小形状、色泽纹路，雕刻出千姿百态的艺术珍品，决不可从自己的荣辱、好恶出发，不顾学生的天赋禀性、志趣爱好，统统雕刻成同一规格的"标准件"。要做到这一点，首先要解放思想，敢于丢掉竞赛名次的包袱，排除升学率高低的压力,从学生成长的百年大计着眼,对学生的未来负责。其次要善于识别人才。教师要独具慧眼,于幼苗中见栋梁,于常人中见英才。特别是对那些在某一学科初露头角、在某一方面表现出特殊才能的学生,要敢于破常规、立新法,促其迅速成长。

校长对于有专长的学生应该给予特别关注,有机会多和他们交谈。交谈中既要夸奖他们的专长,又要提醒他们不能骄傲。最好通过一些真实的故事,使他们认识,即使智力超常,才华出众,如果自命不凡,不知天高地厚,失去良好的学习环境也会沦为庸才。告诉他们要严格要求自己,既要看到自己的长处,又要看到自己的不足,与其他同学取长补短,平等相待,共同进步。

对于他们的缺点毛病要做具体分析。确实是缺点毛病一定要帮助他们克服;有些缺点毛病往往是和他们的特长相伴而生的,如果不加分析地一味批评缺点,就可能一股脑儿地把附着其上的优点也抛掉了。

末了还有一点,校长如果找有专长的学生谈话,最好对学生有所专长的领域首先做些涉猎。这样,谈话时就有更多的共同语言,说服力因此会更大些。

14. 怎样和有劣迹的学生谈话

有劣迹的学生经常会受到冷遇。一是班主任对他们不是热心帮助、耐心引导,而是挖苦训斥;二是他们的家长常被班主任找到学校,家长面子上过不去,回家就找学生算账;三是有的老师采取放弃的态度,对他们不加理睬。总之,他们常常是在校被抛弃、受讽刺,心情不愉快;回家后,挨打骂,得不到温暖。在他们周围形成了一种对健康成长不利的环境和条件。在这样的环境中,他们心中迸发的火花被压上了泥沙,浇上了冷水。有的产生自卑感,有的则表现为对抗。要使他们心中上进的火花燃烧起来,首先必须改变他们周围的环境,尤其是老师要爱护他们,信任他们,尊重他们,把他们当"人"看,并多给他们一些"偏爱"。

校长如能抽出时间主动和有劣迹的学生谈谈话,这件事情本身在学校就会产生良好的影响。对劣迹生会产生鼓舞和安慰作用。

谈话时,校长要把自己放在平等的位置上,也就是要设身处地的为学生着想。首先帮助他们弄清犯错误的事实,分析犯错误的原因,最后从实际出发提出几条他们经过努力可以做到的要求。

　　校长对劣迹生个别提出要求以后，应该及时与班主任通气，并委托班主任与学生家长和班级主要干部通气，以便加强监督，确保落实。哪怕是在某一方面他们履行了自己对校长的诺言，有了进步，这对他们都可能成为一种鼓励和精神安慰，从而增强前进的信心。实践中确有这种情况：校长语重心长的一席谈，给了差生一个新的转机。

15. 怎样和有生理缺陷的学生谈话

　　生理缺陷会给学生带来极大痛苦，有生理缺陷的学生往往容易产生自卑感，精神压抑，各方面的发展都会受到影响。但如果能受到热情的关怀和精心的照顾，许多生理缺陷的失能是可以恢复的。有位教师曾讲过这样一个例子：

　　我班有个孩子患先天性畸形——兔唇，虽然作了手术治疗，但说话仍不清楚。只要一说话，小朋友就笑，他就更不敢讲话了。这时，我就主动接近他，跟他一起玩。其他小朋友看老师跟他这样好，也主动接近他了。这时我就对全班小朋友提出要求，帮助他克服弱点。我又在各项活动中，跟他接近，和他说悄悄话，讲他喜欢听的话，激起他说话的愿望。为了鼓励他能在大家面前说话，我一面抽空在课前先教他练习，帮助他咬准字音，一面将教过的儿歌、谜语写在本子上，让孩子带回家去念给家长听，让他加强锻炼。同时，在上课时要求其他小朋友注意倾听他的发言，每当他较清楚地说完一句话时，老师便带头和大家一起为他鼓掌。经过一段时间的训练，这孩子有了明显的进步，成了上课发言的积极分子，智力发展也完全跟上了同班孩子。

　　作为校长，也应像这位老师那样，对于生理有缺陷的学生要给予特殊的关心、照顾。

　　校长和生理有缺陷的学生谈话时要尽量做到以下两点：

　　①谈话前熟悉学生的情况，谈话时热情饱满、情绪乐观，使学生感到校长很了解自己，很关心自己，从而感到很温暖，并能从校长热情而乐观的情绪中受到感染和鼓励，对恢复生理缺陷所造成的失能坚定信心。

　　②要从积极的角度帮助他们分析自己的有利条件和不利因素，从实际出发选择发展方向，明确前进目标，落实具体措施。谈话之后，

校长还要用自己的影响力去带动教师，大家齐心协力为他们的健康成长创造条件。

16. 怎样接待学生来访

中小学学生在一般情况下不主动找校长反映情况或提建议。但有时也有例外：当一些与学生切身利益直接相关的问题长期得下到解决时，高年级学生也会直接找校长提意见，甚至串联起来集体去找校长要求解决问题。遇到这种情况，校长应抱着欢迎的态度，热情地接待。要耐心、详细的听取同学们的意见，无论事实是否有出入，都要让同学把话说完。多听意见，少作解释。对同学们提出的问题，除确有把握的外，一般不要当即直接作答。可表示，同学们反映的情况很重要，我已经知道了，我会采取措施的，请同学们放心。

同学们走后，对所反映的问题，要严肃认真地进行调查，凡是能解决的，一定要尽快解决，让学生看到实际行动；一时不能解决的，情况搞清楚以后，校长要主动找上访的学生向他们解释清楚，求得谅解。如果是学生集体上访，事后，校长要召开有关人员座谈会，就学生上访提出的问题进行分析，总结教训，防微杜渐。

总之，对学生的来访决不可采取官僚主义的态度。因为这样会引起学生不满，产生对立情绪，进一步激化矛盾，对教育学生不利；而热情负责的接待，不仅可以防止学生闹事，而且可以趁这个时机向学生和有关人员进行一些必要的教育。

17. 怎样接待学生家长来访

在青少年教育中，学校与家长配合起来共同工作的意义是非常大的。因此，学校应该尽量吸收家长参加教育工作，使家庭教育与学校教育产生一致的影响。比如，学校里选出家长委员会，参与学校管理，组织一些家庭教育问题的讲座报告和座谈等。每个班级也可成立三至五人的委员会，研究和讨论学生的成绩，帮助组织些学生课外活动，如参观、旅行等。学校和班级要定期召开家长委员会和家长会，征求家长对学校工作的意见，讨论或向家长汇报他们所关心的共同性问题。

除此之外，有的学生家长给校长写信反映情况，有的直接找校长讲意见，在特殊情况下，有些家长还可能作一些联名写信反映学校工作中的问题，甚至一起来学校上访。

校长接待家长与接待学生不同，因为这里既没有领导与被领导者之间的关系，也没有教育与受教育者之间的关系。因此，校长对于家长来信来访所反映的问题可以在调查研究的基础上如实回答，也可以责成有关人员回答。对于来访所反映的问题，当场能回答的就当场回答；当场能说明的就当场说明；当场不能回答、不能说明的，可表示在调查研究以后约定时间回答。

如果有的家长出于袒护学生的目的来上访，校长也要耐心地把话听完，然后，视家长接受道理的程度，向他们做必要的解释，讲清学校与家长配合起来共同教育学生的意义，启发家长从教育学生的角度看问题。如果家长一时接受不了，转不过弯来，把道理讲清了，让他们慢慢去想就是了，不必强求人家接受，更不能讽刺或顶撞人家，以免激化矛盾，对教育学生不利。

18. 怎样接待教职员工的家属来访

家属来访多半是为职工的切身利益。比如，学校分配住房前有的家属可能找校长摆自己家庭住房困难的情况，请求分给住房；评职晋级前有的家属可能找校长给自己的亲人评功摆好，造舆论，探听消息，或者直接要求照顾。也有的是在事情发生以后找校长告状，认为学校处理问题不公？要求纠正。

家属来访所谈的情况都是从职工那里听来的，而且常常是"选其所需，为我所用"，片面性比较大，可信度比较低。他们与校长没有领导和被领导之间的关系，也就没有多少顾虑，不高兴时说话很难听。但尽管如此，作为校长也要抱欢迎态度，仔细听取来访者的陈述，作为决策的参考或反馈的信息。对"事先"的来访者，听完他们陈述之后要教育他们相信群众，相信组织。但不可当面许愿；对"事后"的来访者，听完他们陈述之后，要把真实情况和事情的本来面目讲给他们，利用摆事实讲道理的方式耐心说服，不可简单生硬，更不能粗暴发火。

家属的来访是送上门来的思想工作，作好了，有利于平息矛盾，稳定职工情绪，也有利于提高校长的威信。

19. 对课堂教学应提出哪些基本要求

教学是学校中心工作，课堂教学是基本的教学形式，必须认真进行课堂教学。

①不漏课。不经校长批准，任何人不得随意停课挪作他用，教师因故不能授课，要提前做好安排。

②按时上下课。不迟到，上课前一分钟在教室门前等候。不早退，不得随意提前下课或随意离开课堂，其他人也不能进教室打断教学。校内考试，不得让学生提前交卷离开教室。

③教学中以正面表扬鼓励为主，但也要对不愿学习、不遵守纪律的学生及时进行必要的批评教育。

④抓紧课堂五十分钟。不做非教学活动，不讲与教学目的无关紧要的问题。

⑤新课前要有必要的复习。新课力求中心明确，重点突出，讲解要准确、清楚，重点难点要透彻，精讲多练。新课要有巩固练习时间，当堂内容当堂结束，要由浅入深，启发学生，讲求效果。

⑥提问或练习，要求要明确，教者要给学生以准确的答案。

⑦学生在课堂临时提出的问题，要以科学的态度对待，一时不能准确解答的，要在认真准备之后给以解答。

⑧提倡和鼓励教学工作的创新，凡积极进行改革试验者，提出方案，不涉及其他学科的，经教务处同意即可试行，涉及其他学科或涉及学校其他方面的，经校长同意即可试行。

20. 怎样做好听课前的准备工作

有的学校已经形成习惯，校长随时进课堂听课，事先并不和教师打招呼。但如果没有这种习惯，校长听课前应和教师打个招呼。如有时间，请教师介绍一下这个班近来的教学情况那就更好。去听课之前还应做一些准备工作。比如，准备好教科书，再查看一下教学进度。如果是自己所熟悉的学科，事先最好阅读几遍。听课笔记本和钢笔也要准备好。还应该考虑一下要不要自带椅子。做好准备之后，预铃一响就要进教室坐好。

这虽然是一些常规小事，但如果不注意就做不好。时常看到这种情况：教师已经开始讲课了，校长才大步流星地走进教室；没有空座位，有的同学只好两人挤在一起，让出一个；忘了带教科书，又想看，顺手就去拿学生的教科书；想记录，钢笔没水了，又去抽学生的墨水……这些动作，教师和学生都看在眼里，直接影响校长的威信。而且，一旦出现这种情况，校长自己也会感到不自然，这堂课很难听好。

21. 怎样听课

苏霍姆林斯基说："经验使我深信，听课和分析课——这是校长最重要的工作。这件工作的科学水平高低，关系到许多方面。整个教育过程的文明，取决于课堂教学每天都要有所改进，而改进课堂教学，就要校长对课进行深思熟虑的分析。经常听课的校长才真正了解学校的情况。"

校长听课，切莫被学生对答如流的表面现象所迷惑，而要注意研究教师的业务水平和学术眼界；研究教师在这一节课有没有明确的教学目的，以及目的是否达到；观察全班学生是否都在积极思考问题，以及思维是否跟掌握知识和技能有机地结合起来了。要把教师讲课中的精彩部分和讲述不鲜明、不准确、模糊不清的地方记录下来，课后跟教师交谈。并依据教师讲课的实际水平，向他们提出开展教学研究和进修学习的建议。

听新教师和青年教师的课还可以采取下面的一些方式：a. 讲评式。听课后，对教师的讲课一分为二地讲评，肯定成绩，指出不足，加以正确引导。b. 会诊式。邀请几位同志一起听课，连续听几节课，听后一起研究、讲评。c. 调查式。通过对学生口头或书面的调查，以及当堂测验的办法，检查课堂教学效果，用客观效果帮助教师认识自我，改进教学。d. 启发式。根据教学大纲、教材，向教师提出一些带有启发性的问题，在教师回答这些问题的过程中，加以引导。e. 介绍式。向教师介绍有关资料，介绍典型教案和好的教学方法等，鼓励教师模仿试验，并帮助总结经验。

22. 怎样评价一堂课

一堂课上得好不好，主要看以下几个方面：

①看教学目的是否明确，并且要看是否达到了目的。教学目的是教学的出发点和归宿。一堂课有没有明确的目的，是不是达到了教学目的，是这堂课成功与否的主要衡量尺度。

②看教学内容的选择难易是否适度，重点、难点、关键的确定是否正确，知识的前后联系是否明确。

③看教学方法的选择和运用是否恰当。选择和运用教学方法，要

依据每堂课的教学任务，依据学科的性质和具体教学内容，依据教育对象的年龄特征和已有的知识水平。

④看师生在课堂上是否都发挥了高度的积极性，教师的主导作用和学生的主体作用是否配合默契。

⑤看在传授知识的同时，是否注意有效地发展学生的智力。

⑥看是否能充分发掘教材的内在思想性，做到科学性与思想性的统一。

⑦看教师是否能以良好的行为举止，在教育过程中潜移默化地影响学生。

23. 听课后怎样和教师交换意见

一般来说，校长听完课后应和教师交换意见。如果连续听几节课或有计划地听一个阶段的课，也可以在告一段落之后找教师交换意见。交换意见时要讲究民主作风，不能不懂装懂，瞎指挥，把自己的观点强加于教师。要尊重教师讲课的不同风格。艺术有流派，教学也是一种艺术，应当允许教学上也有流派。除有明显地违反教学原则的，对不同的教学方法，不要乱加干涉。

另外，校长不应以领导者、检查者自居，简单地指出几条优点和几条缺点，而应该以平等的身份和教师共同探讨，一起得出结论。让教师感到校长是在真心帮助自己提高教学水平。如果校长本来就不经常听课，一听了课就找教师的"差错"，在这种情况下，校长和教师的关系很难融洽，教师会从内心里不欢迎校长来听自己的课。如果你硬要听，教师会装模作样给你听"假课"。

24. 发现教师讲课中有科学性错误怎么办

教师课堂上讲授的知识应该准确、完整，不允许出现科学性的错误。但有些老师或因知识根底浅，或因没有备好课，课堂上有时也会出现科学性错误。校长听课遇到这种情况时，需慎重处理。既要让教师知道哪个地方讲错了，补上知识缺陷以后主动给学生纠正过来，又要保护教师的自尊心和他在学生中的威信。所以，一般不要直截了当地批评教师把某某地方讲错了，尤其不要当着学生和别的教师的面批评。

正确的作法是把教师找来单独交谈。指出错误以后，听取教师申辩，然后帮助分析出现错误的原因，指出今后努力的方向。被批评的教师在感情上受到尊重，有利于接受批评，改进教学。

25. 发现教师不认真备课怎么办

"教师工作中，备课是根本，应当首先抓紧、抓好、抓实，然后才是其他。工作再忙，备课也必须加强。"这是已故东北师大附中特级教师朱维纶老师的经验总结。他还说："教书一辈子，认真备课一辈子，课不备好，不能上课。这应该是我们做教师的一条原则。"

但也常见到这种情况，就是教师用了大量时间和精力给学生个别辅导，进行课后的集体补课，以致影响备课，上不好课造成恶性循环。

如果出现这种情况，校长首先应该自省一下：是否把组织教师备课工作摆到了重要位置，自己用了多少时间和精力去参加教师的集体备课、检查教师的个人备课；有没有认真组织交流备好课、上好课的经验；是否尽到自己最大努力去为教师创造缜密思考、匠心独运的工作条件。

校长若不从自身上找原因，企图通过批评和说教解决问题，那就错了。"喊破嗓子，不如做出样子。"校长能够经常把主要精力用于抓备课，就一定能有效地把教师的精力吸引到备课上来。

当然，具体发现了哪一位教师由于不认真备课而没有完成好教学任务，也要严肃地认真地找他谈话，并在以后注意去听他讲课。也可以检查一下他的教案。

好的教案应反映出四个方面的要求：①明确的教学目的；②主要教学内容的重点、难点、关键的确定和处理；③作业布置，包括对好、中、差三类学生的不同要求；④教学方法的设计。

可按上述标准，对教师进行备课的基本功训练。

26. 对批改作业应提出哪些基本要求

作业是学生对所学知识的实践，是课堂教学的继续，要切实抓好这个环节。

①作业题目要根据教学目的、教学重点和学生实际来拟定，要讲典型性，力求精练。

②作业要力争在课内完成一部分，另一部分（每节课一般不超过25分钟的作业量）布置在课外。对上等生、下等生可分别留题。为了要求

学生在限定时间内完成，培养学生当日事当日毕的习惯，教师要了解学生当天的负担情况。

③批改要及时，一般在下一堂上课前批改完了，教师签字并注明时间。对其中共性的问题及时讲评。

④作业要教师亲自批改。原则上要全批全改，详批细改。班级人数多的，或试验新批改办法的，经教研组提出，教导处同意，另作规定。

⑤严格要求。学生的作业要求格式正确、书写工整、绘图准确。

⑥教师的批改一律用红笔，书写要工整，批语要通顺、严肃。批改要用鲜明的、统一的符号。

27．发现教师不认真批改作业怎么办

批改作业是教师完成教学任务的一个重要环节，每个教师必须慎重地对待这一工作，最好做到全批全改。

有的教师光布置作业，自己不批不改，或者只打个"阅"字；有的教师甚至长期不检查学生作业。结果，许多学生不认真做作业；有的作业题虽然做了也不知对错。时间一长，养成了教师课上留作业，学生课下抄作业等坏习惯。

为了督促学生认真做作业、教师认真批改作业，学校里要有一些具体规定，校长也要采取适当方式经常督促检查。比如，制作统一规格并印有页码的作业本，甲、乙两册轮流使用；规定写作业的统一格式，做每次作业之前先写明是第几次作业，什么时间留的；教师批改也要使用科学、简明的符号。这样，无论教师检查学生做作业的情况，还是校长检查教师批改作业的情况，只要把学生的甲、乙两本作业收上来看一看，就一目了然了。

校长如能采取适当方式检查，教师必然认真批改；教师认真批改，学生做作业的积极性就高。良性循环还是从校长开始的。

28．发现教师体罚学生怎么办

对学生进行思想教育，必须坚持说服教育原则，采取摆事实、讲道理，循循善诱，启发自觉，以理服人的方法。对学生采取简单粗暴的压服方法，是不能解决思想问题的。学生既不知其思想行为为什么是错误的，也不知为什么要改正错误，充其量只能做到把错误暂时抑

制下去，或使其由公开的变为隐蔽的。有时学生在不满的情绪下反而会使错误发展得更加严重。因此，教师千万不能搞"压服"，如体罚等办法都不能采用。这些做法和教育的宗旨是背道而驰的。

学校里出现教师体罚学生的现象，说明学校里文明教育的风气还没有形成，要从根本上解决问题，不能就事论事，说一说就过去了。

要从教育理论上武装教师。通过系统学习、专题讨论、学术报告等形式，使大家真正明确思想教育的意义和任务，懂得思想教育的原则和过程，掌握思想教育的途径和方法，从根本上增强教师的教育理论水平。

还要建立一套合理的规章制度，把耐心教育与坚持合理的规章制度结合起来。经常对学生进行行为规范的训练，使学生养成自觉遵守纪律的习惯，减少和杜绝严重违纪事件。

最后一点，也是最重要的一点，就是校长要以身作则，言传身教，实行文明教育。如果校长的道理讲了一大篇，自己却很不文明，那么学校里还是不会有文明教育的。

29. 发现教师对学生有袒护行为时怎么办

教师袒护学生往往有以下几种情况：①学生违纪与否、违纪的程度如何直接影响班集体或教师个人的利益；②教师与违纪学生个人之间比较亲密；③教师对学生溺爱。无论哪种情况教师袒护学生都是不对的，应该帮助他们提高认识，正确对待批评与自我批评。

学生的过失因为有老师的袒护，一时不容易认识和改正，这时作为校长和其他领导人不要再直接批评违纪的学生，而要做教师的工作，让教师明白过来，然后通过教师去做学生的工作。这样，既保护了教师的威信，又有利于违纪学生改正错误。

一般来说，学生违犯纪律与教师的工作有关，但并不是事事都直接相关。因此，学生出现违纪事件，校长在处理时一定要做具体分析，切不可简单地把学生出现违纪事件的多少作为评价和奖励教师的依据。否则，评比的结果必然导致一些教师袒护自己班级的学生。

30. 发现教师之间抢时间、争自习怎么办

教师之间抢时间、争自习是一种不健康的现象，必须认真加以解决。

学生德、智、体的全面发展既是每个教师都应担负的任务，又不是任何一个教师就能完全实现的任务，必须依靠全体教师协调一致地工作。全体教师对学生要求和影响的一致性，是获得良好教育效果的保证。如果教师步调不一致，就要发生"力"的相互抵消，降低教育效能。教师之间抢时间、争自习最容易破坏"合力"。

教师之间发生这种情况，往往与领导评价教师的方法不科学有关。比如，那种用学生的考试分数评价教师工作的所谓岗位责任制，就容易导致教师之间抢时间、争自习。这种"岗位责任制"表面上调动了教师个人的工作积极性，实际上削弱了集体的合力。一些教师为自己教的学生考试得高分，互相竞争。平行课教师之间争自习，抢时间，"平行"变成了"对行"；同头课教师之间互相保密、各留一手，"同头"变成了"对头"，根本形不成合力。

所以，发现教师之间抢时间、争自习时，除了对教师加强教育、晓之以理，最重要的是在学校里铲除滋长抢时间、争自习的土壤。校长在考虑调动教师个人工作积极性的时候，必须同时考虑是否有利于教师集体力量的充分发挥。这也就是管理学中常讲的整体性原则。管理必须有全局观点。许多事情，从局部看可能有十分动人的道理，但从全局看则未必有利。这时，管理者必须放弃局部利益，而保护整体的优化。

31. 怎样帮助教师增强教育意识

学校的本质，它的规定性职能，就是培养人。因此，学校的全体工作人员必须具有浓厚的教育意识。特别是教师，其言其行更要符合培养人的要求。

在实际工作中，我们看到许多教师确实能够这样去做：对学生，他们既用语言晓之以理，又用己身导之以行，受到了学生的尊敬和爱戴，获得了良好的教育效果。但也时常可以看到一些背离的情况：有的教师知道领导要去听课，头一天就领着学生搞明天上课的"彩排"；有的教师在统一考试时怕自己教的学生成绩落后，竟转弯抹角地把考题透露给学生；还有的教师为了个人私事，竟让学生找家长拉关系、搞交易……

诸如此类，都是教育意识薄弱的表现。教育意识的薄弱给教育工作带来巨大的危害,青少年学生是最善于模仿的,而他们模仿的中心人物是教师。老师的话比他们父母的话都有权威性,当父母的话和老师的教育相抵触时,他们就会搬出老师来:"这是老师说的",以拒绝执行父母的要求。中小学教师在学生道德品质形成中的这种举足轻重的地位要求我们,必须不断浓厚教师的教育意识,加强教师的个人品德修养,以便随时都能给学生以良好的教育和影响。

为了帮助教师增强教育意识,一要开展教育理论讲座,用教育科学理论武装教师头脑,使教师真正认识到只有消除各种非教育的态度和手段,按教育规律办事,才能真正取得教育的效果。

二要开展关于教师道德修养的学习和讨论,加强师德教育,使教师精神上产生一种自我约束力,努力做学生的表率。

三要对教师提出严格要求,加强管理。要求教师无论进行思想教育还是进行文化知识教育,都要从信任学生和尊重学生的观点出发,坚持正面教育,以理服人。要认真地考虑对学生讲的每一句话和向学生提出的每一项要求,坚决防止那种对学生心灵造成创伤和精神上带来痛苦的简单粗暴做法。学校对做得好的教师要及时给予表扬,对于违犯要求的教师,要敢于批评、帮助,及时消除不良影响。

全校教师注意增强教育意识,遵循教育规律,讲究教育方法,又能以身作则,就造成了一个良好的教育环境,使学生耳濡目染,学有方向,做有榜样,健康成长。

32. 怎样培植教师的自我约束力

教师在学生的心里往往是最被尊敬的人之一,所以教师的思想行为对学生的影响很大。加里宁曾指出:"教师的世界观、他的品行、他的生活、他对每一现象的态度,都这样或那样地影响着全体学生。这点往往是觉察不出的。但还不止如此。可以大胆地说,如果教师很有威信,那么这个教师的影响会在某些学生身上永远留下痕迹。正因为这样,所以一个教师也必须好好检点自己,他应该感到,他的一言一行都处在最严格的监督之下,世界上任何人也没有受着这样严格的监督。孩子们几十双眼睛盯着他,须知天地间再没有什么东西,能比孩子们的眼睛更加精细、更加敏捷、对于人生心理上各种微末变化更富于敏感的了,再没有任何人像孩子的眼睛那样能捉摸一切最细微的事物。这点是应当记住的。"可见每个教师必须严格要求自己,处处以身作则,在思想行为等各个方面,都力求成为学生的表率。

诚能做到这一点,必须具有自我约束的能力。一个具有自我约束能力的教师,不管他有多大个人情绪,也不管发生了什么事情,当他一接触学生,就能立即恢复常态;一个具有自我约束力的教师,不管和别人发生了多大矛盾,也不管是在什么场合,当他一想起自己是个教师,就能立即检点自己;一个具有自我约束力的教师,不管他做的工作是出头露面的还是铺路垫底的,也不管有没有人在督促检查,当他一想起自己是个教师,就能自尊自重,严肃认真地去完成工作任务。因此,校长应该注意培植教师的自我约束力。

一要抓好政治理论学习。克鲁普斯卡娅曾经指出:"马克思列宁主义的知识可以帮助教师在精神方面达到最高的程度。生活正以一日千里的速度在各种矛盾中发展着,应该清楚地认识到、理解到社会发展的方向,应该清楚地认识到、理解到周围哪些东西是注定要灭亡的,哪些东西是会成长壮大和不断发展的。研究马克思主义和列宁主义可以帮助教师成为新一代的真正的教育者。"

自我约束力是一种理智的力量,而理智是以政治水平和学识能力为基础的。因此,加强政治理论学习有助于培植教师的自我约束力。

二要经常抓师德教育。使教师深刻认识,真正合格的教师不只是传授知识,而首先是在人格上给人以极大影响。"人格之于人,恰如花香之于花",人格高尚、品德高洁的老师才能征服学生的心。经常开展师德教育,就能不断提高教师自我修养的自觉性。

33. 怎样激发教师的心理推动力

所谓心理推动力,是指人们的心理需要得到满足以后,激发出的一种内驱力。校长在致力于组织教师集体合力的同时,还要注意研究和掌握教师的心理特点,尽量满足教师的心理需要,激发他们的心理推动力。在教师集体统一要求的前提下,充分发挥每个教师的主观能动作用。

由于教师处于为人师表的地位,他们自尊心强,重视自己的威信;由于教育、教学是一种独立的艺术创造,教师希望别人尊重自己的教学风格;由于教师要不断地向外输出知识,工作的需要和知识积累过程中的乐趣，使教师养成了好学的习惯。由于教师也是知识分子，他们重视精神报酬，荣誉感和成就欲比较强。为了满足教师的这些心理需要，校长在工作中应注意以下几个方面：

①经常进行尊师爱生教育，建立尊师爱生的良好师生关系。教育心理学的研究表明：尊师爱生的良好师生关系能促使教与学最佳融合，产生教学的最佳效果。教师对学生的尊重、爱护、信任和深刻了解会在教育、教学过程中，以信息的形式被学生接受，经过加工、贮存，改造成为意识，这种意识就产生了一种对教师的尊敬感和信任感，产生了愉快、积极、向上的学习情绪，会对学生的学习活动产生鼓舞、激励和鞭策的力量。同样，学生对教师的尊敬、爱戴和信任，也会以信息的形式，被教师所接受，经过加工、贮存而形成胜任愉快的工作情绪，从而提高教育、教学工作的热情和责任感。

②广泛开展教学研究，形成浓厚的教学研究空气。要提倡多种教学风格，不受权威和固定模式的束缚，使每个人的长处都有发挥的可能。要有计划地举行一些公开课，一人讲大家评，取长补短，互相学习。一位哲学家曾经说过：你有一个苹果，我有一个苹果，互相交换一下，各自还是一个苹果，你有一个思想，我有一个思想，互相交流一下，各自便有了两个思想。在浓厚的教学研究空气中，教师很容易找到发挥自己才智和专长的机会。积极向上的进取精神在这种环境里也就容易培植。

③努力创造条件，满足教师的求知欲望。工作暂时离得开的，要不惜花学费送出进修培养；工作脱离不开的，要让他们念函授或上夜大学。校内也要为教师创造一个良好的学习环境。要求教研组要有辛勤劳动的气息和浓郁的研究风气，不许在教研室闲聊天，要尽量多的为教师准备图书和各种报刊、资料，还要注意减少会议，减少与教学无关的活动，保证教师有足够的时间进行学习。

另外，还要关心教师政治上的进步，尽量解除教师生活上的后顾之忧。所有这些，都能使教师心情舒畅，对学校产生良好感情，工作中表现出更大的积极性。

34. 怎样评价教师的工作

人们都有这种心理：当领导注意到自己的工作并作出公正评价的

时候会表现出更高的热情和积极性。因此，对教师的评价和奖励是一项十分重要的工作。搞得好，不仅能使获奖教师受到激励，而且能指明继续努力的方向，使大家心悦诚服地向获奖教师学习，达到调动积极性、推动工作的目的。但搞不好，会反受其害，这也是需要注意的。比如，那种用学生考试的分数评价教师工作的做法就是十分有害的。

青少年共产主义道德品质的培养，无产阶级世界观的形成，智力的发展，能力的增长都是长期日积月累的结果，绝不是一朝一夕之功。正如苏霍姆林斯基所说："今天把种子播到整修得极好的土壤里去，却远不是明天就会长出幼芽的。今天所做的工作，在许多情况下，要经过若干年才能对它做出评价。"

人才的培养又是一个复杂的过程，教师付出的劳动都在学生身上，起着潜移默化的作用。由于是潜移默化的，其效果就不像工农业生产那样，有形有数，可以准确计算。硬要把教师劳动的效果加以量化，往往导致一些教师在出卷、监考、评卷、上分过程中搞邪门歪道，弄虚作假，滋长歪风，是有百害而无一利的。

评价教师的工作一定要坚持全面的、综合的考察分析，不就一时一事论高低。校长首先要端正教育思想，不背竞赛名次先后的包袱，不受升学率高低的压力，坚持全面贯彻党的教育方针。要求各科教师都要顾全大局。大局就是学生德、智、体的全面发展，就是学生各方面的总体负担。教师之间要互相体谅，互相支持，无私合作，防止发生争时间，抢地盘，互相排挤的不良现象发生。

在实际工作中，校长要把一般号召同具体指导结合起来，注意培养典型，带动一般。在评价和奖励教师的时候，要注意和平时的要求兑现，引导教师自觉地按照学校的要求去做。

35. 怎样充分发挥班主任的作用

班主任是班级的具体领导者、组织者和教育者。班主任对本班学生从课内到课外、从学习到生活、从思想的健康发展到身体的健康成长，都负有全面的责任。在学生心目中，班主任是"亲"老师；在家长心目中，班主任是学校的代表。班主任责任心的强弱，业务能力的高低，思想作风的好坏，对整个班级的发展前途影响很大。

因此，校长应该精心地选聘班主任，并注意充分发挥他们的作用。

一要对班主任提出明确的要求。每学期开学前要进行布置，学期中要进行几次检查，学期结束以后要认真进行总结，并组织交流经验、表彰先进。二要关心班主任的学习。教育和教学都是有其自身规律的，掌握教育科学理论和教育工作技巧，才能使工作取得良好效果。因此，校长应该有计划、有针对性的组织班主任学习教育理论，用科学的思想和方法武装班主任。三要支持班主任开展工作。班主任在工作中遇到困难的时候，校长应给予具体的指导和帮助；班主任在工作中做出成绩的时候，校长应热情宣传。这样做既有利于提高教师在学生中的威信，又有利于调动教师的积极性。教师有声誉，学生会感到光荣，从而增强师生之间的亲和力。教师作为知识分子的一员也比较重视精神报酬，荣誉感和成就欲比较强，若能经常受到校长的表扬，工作积极性自然会大大提高。

36. 怎样充分发挥教研组长的作用

教学研究组简称教研组，是教师的行政组织单位。教研组长肩负着重要的职责：

①组织本学科的教学工作。学年开始前，向校长提出课时分配、人员分工、课程进度的建议；教学过程中，组织和检查备课、讲课、课后辅导和作业批改，检查教学效果，及时发现和解决问题，杜绝漏课和拖欠进度的情况，保证本学科的教学质量。

②主持本学科的教学研究。根据教学现代化的要求，确定组内教学研究的题目，规划、实施人选，组织落实研究活动，编写资料，对外联系交流和学习活动。

③组织本组教师的业务提高。制订全组计划，帮助制订个人计划，组织全组性进修活动，督促检查个人进修计划实行情况。

④根据学校的计划，在工会小组长协助下，组织本组的政治学习、民主生活，以及实行考勤，整理内务，及时进行表扬和批评。

⑤对本组成员进行业务考查。检查教学笔记，听取工作汇报，随时听课，召集学生座谈对任课和班级工作的意见，抽查学生了解教学效果。

⑥组织本学科的课外小组，学科竞赛和学科板报。

从教研组长的工作职责可以看到，只有充分发挥教研组长的作用，才能保证各科教学质量的稳步提高。

教研组长的职责任务尽管如此，但实行起来弹性很大，关键在于教研组长发挥自己的主观能动性，积极主动地去开展工作。因此，要推选业务水平高、教学经验丰富、思想作风正派、进取精神旺盛的同志担任教研组长。

校长在期初、期中、期末和根据教学工作的需要应召开教研组长会议，分析形势、研究问题、采取措施，一步一个脚印地抓紧抓实，防止教学上欠债。

校长给教师分配任务、对教师在业务方面作出评价，事先都要认真征求教研组长的意见，并尽可能地加以尊重；对教师在教学工作中出现的疏漏乃至过失，最好也让教研组长去指点，一方面可以帮助教研组长树立威信，另一方面也有利于调动教研组长的工作积极性。

37．怎样把全校教师组织成为统一的整体

在运动场上我们时常看到这种情况：甲、乙两队进行拔河比赛，就其个人力量对比，甲队强于乙队。但乙队组织得好，集体力量得以充分发挥，战胜了甲队。运动场上这种"组织"效能，在教育和教学上也能体现出来。使学生德、智、体全面发展，既是每个教师都应担负的任务，又不是凭任何一个教师个人力量所能实现的任务，必须依靠全体教师协调一致地工作。全体教师对学生要求和影响的一致性，是获得良好教育效果的保证。如果教师步调不一致，就会发生"力"的互相抵消，降低教育效能。

根据教师劳动的这一特点，校长应致力于把全校教师组织成为一个统一的教师集体，要求每个教师都关心集体，增强集体荣誉感，增强团结、互助、协作的精神。

学校编制规划和制订工作计划的时候，要吸收有影响的教师参加，采纳他们的合理意见，并把他们个人的打算和奋斗目标纳入学校目标的轨道；在总结工作，进行评比的时候，要贯彻集体第一、个人第二的原则，不把某一班学生所取得的优秀成绩归之于某一个教师，也不把某一届毕业生考试成绩的优劣完全归之于毕业班的教师。学校工作中有了成绩，首先应指出这是全校老师共同努力奋斗的结果，成绩是属于集体的。

工作中不光有胜利，有时也有失误和挫折。每当遇到这种情况，领导干部要挺身而出，主动承担责任，以身作则，在教师集体中开展批评和自我批评。把批评作为改进工作、继续前进的动力。

38. 怎样挖掘现有教师队伍的潜力

我们知道，石墨和金刚石同是碳，但由于二者的结构不同，金刚石坚硬无比，石墨却质地柔软。同样一支教师队伍，合理搭配，形成最佳结构，就能发挥出更大的作用。

安排教师工作时，应该着眼全局，注重基础，使教师集体力量得以充分发挥。

着眼全局，就是尽量保证每个年级的每个学科至少有一名骨干教师。他能够掌握大纲，驾驭教材，带领大家备课。有这样一个学科带头人，大家在研究教学时就有了主心骨，就可以保证讲授内容的准确。另外，有这样一名骨干教师在前面带头，实际上等于给大家树立一个具体的学习和追赶的目标，有利于鞭策大家往前奔。

注重基础，就是尽量把低年级的教师配备得强一些。特别是语文、数学和外语三科，一定配备强手把关，切实给学生打好基础的基础。

如果学校里骨干教师比较少，应让他们适当多上些课，发挥他们讲课的优势。可以给多上课的骨干教师配上助手。像批改作业、辅导答疑、实验准备、刻印习题等教学辅助工作，都由助手帮助做，腾出骨干教师的精力多去上课。

当助手的教师一边工作，一边跟骨干教师学习，业务方面的提高能更快些。

安排教师工作的时候会遇到许多思想问题。因为从教师、教研组长到教导主任，大家由于各自所处的地位不同，考虑问题的角度不一样，往往有不同的心理。从教师心理上看，多数爱教低年级，不爱教高年级；从领导心理上看，想解决燃眉之急，把骨干教师集中到毕业班把关；还有学生和学生家长的心理，都争要好老师。在这种情况下，校长的思想很容易受到干扰，这就需要下决心，排除来自各方面的干扰，坚持一盘棋，统筹考虑。

39. 怎样培养新教师

对于新教师，应该大胆使用，热情扶植。新教师刚到一所学校，思想上往往很拘谨，特别是到一所老教师比较多的学校更是这样。课堂上他们不敢"轻举妄动"，往往是老教师怎么教，自己也怎么教，很怕出毛病。校长要力图改变这种情况，否则不利于新教师的成长，更难培养出有特色的教师。

对于素质比较好的新教师，到校后，一方面引导他们虚心向老教师学习；另一方面要鼓励他们大胆探索，发挥自己的优势，走自己的路。

实际上，新教师虽然缺乏教学经验，但他们刚参加工作，都想大干一场，踢开头三脚。精力和时间又特别充沛。因此，应该充分利用他们求上进的心理和优势，把他们推上台去，让他们放开手脚，大胆去干，八仙过海，各显神通。这样一来，他们"从战争中学习战争"，进步一定很快，而且容易发展特长，形成特色。

对于上课暂时有困难的新教师，则要加强指导。不能只对他们说：你要认真备课呀，要努力呀，等等，需要对他们具体帮助。校长、教导主任、教研组长或指定有经验的老教师亲自去听他讲课，并对他进行具体指导，教给他怎样备课，怎样利用教学参考资料，怎样选择教学方法，制作和使用教具，等等，使他们有所遵循，逐渐学会上课。

实践证明，对新教师的具体指导是非常重要的。可以说，领导能从新教师的实际出发并指导有方，一般来说，新教师一定能很快提高并胜任工作。

40. 怎样抓好教师进修工作

办好一所学校，要进行一系列基本建设，其中教师队伍的建设，是最重要的建设。但是怎样来抓这支队伍的建设呢？当然要尽力争取外援，但首先应立足于自培。为了加强教师进修工作，可以从以下四点抓起：

①规定目标。初中教师实际文化程度要达到大学专科毕业水平，胜任初中教学；高中教师要达到大学本科毕业水平，胜任高中教学。没有相应毕业文凭的，要申请考试取得毕业文凭。第二阶段的目标是能成为教学骨干。

②明确起点。起点从苦练基本功开始。要求各科教师讲述语言清晰、准确、简练、响亮、科学性和逻辑性强；板书正确；字迹清楚、

大方。

同时对每科教师都有不同的要求。比如：政治课概念准确、清楚；语文课范读标准；数学课板图、板演、推理论证准确；外语课发音准确；理、化、生物课能独立演示（解剖）实验；历史课熟悉年表；地理课熟悉地图；体育课示范动作准确；音乐课读谱与风琴演奏熟练；美术课粉笔素描熟练等等。

要把基本功的初步要求作为衡量教师文化知识水平、业务能力的一个起码尺度，使教师在考虑个人进修计划时有个初步可行的出发点。

③制订计划。中、青年教师都要制订个人进修计划。要做到有目标，有具体内容，有明确进度，有指导教师，有作业，有批改，有考核。制订进修计划要从实际出发，既要注意克服惰性，防止偏低偏慢，又不好高骛远，防止偏高偏空，成为一纸空文。

④督促考核。期初抓计划，日常勤检查，阶段看效果，最后评优劣。

41. 怎样搞好校际交往

兄弟学校之间应该加强联系，交流信息，互相学习，共同把学校办好。

但现实当中确实存在一些背离的情况，比如，有的学校在评价和宣传自己工作成绩的时候不实事求是，甚至贬低别人借以抬高自己；有的学校在交往中以自己的成绩和优势自居，瞧不起兄弟学校；有的学校为了自己学校的某种利益，用不正常的手段拉人家的运动员、拔尖学生和骨干教师……诸如此类的事情，都会影响和兄弟学校之间的正常交往，也会在一定程度上破坏自己学校的威信。

出现上述情况，除了有校长及其下属人员修养方面的原因以外，主要是教育思想不端正，总想在升学率、竞赛名次上争高低。

实际上，兄弟学校之间条件不同，起点各异，在升学率和竞赛名次上争上下比高低是没有什么意义的。校长应该教育自己的下属，要谦虚谨慎；接待来访客人要热情而有礼貌；对兄弟学校的请求，能办到的应该无私相助；涉外（兄弟学校）的工作和宣传内容不能损害兄弟学校的利益。所有这些，都要校长本人以身作则。这样，才能搞好与兄弟学校之间的关系，通过正常的校际交往，互通有无，互相学习，相得益彰。

42. 怎样搞好睦邻关系

学校不是办在世外桃源，而是办在社会上，办在群众之中。学校周围免不了要有一些单位和居民，即使院墙高筑，也隔不断与周围的联系。因此，学校应当积极主动的与四邻搞好关系，争取支持和帮助。比如，位于居民区的学校，就应该主动走访附近的居民委、组，请街道干部关心学校，帮助维持学校治安，教育经常到学校玩的儿童爱护公物等。

上述例子在某种意义上可以说明："远亲不如近邻"的道理对于搞好中小学校的治安管理也是适用的。要搞好睦邻关系，可以从两个方面做起。一方面要尽量满足"邻居"提出的合理要求，满足不了的，要耐心解释，千万不要摆架子，更不能说过头话伤人感情；另一方面要主动走出去或请进来，向"邻居"征求意见，请求帮助或表示慰问。

这些工作看来是分外的，但真正做好了，学校确实会从不同的方面收到效益。

43. 怎样管好自己的时间

当校长的，其时间往往不由自主，至少有三分之一到二分之一的时间是受别人支配的。诸如参加上级召开的会议，接待教职工和校外客人的来访，处理偶发事件……在这种情况下，校长更要努力把余下的三分之二到二分之一的时间支配好、利用好。

要学习和掌握一种科学的时间管理方法，如"ABC时间管理法""时间管理记录统计法""时间管理目标法""时间管理信息法"等方法。

另外，作为校长，不仅负有管理好自己时间的责任，还必须管理好他人的时间。所以，校长在工作中要特别注意以下两点：

一要精减会议。会议开得太多，不光自己陷在会议里，也搞得别人无法工作。会议太多，坐而论道，的确是一害别人，二害自己，贻误工作，空耗精力。

二要建立健全工作责任制，做到分工明确，各负其责。校长要做校长的事，管好管事的人。这样才能做到深入其中，超脱其上，做时间的主人。

44. 怎样获得工作的主动权

一所学校，有教学工作，行政事务，还要抓好其他社会事务。上级要召集会议，下属要汇报工作，教师要交谈思想。工作很多，时间很紧。在这种情况下，校长要掌握工作的主动权，必须抓住主要矛盾，把自己的主要精力用在对全局工作最有影响的事情上，以便抓住根本，带动一般。

学校是培养人才的地方。教学是学校里最经常、最大量的基本实践活动，也是学校里最重要的工作。因此，校长必须把主要精力用在教学上。有条件的校长最好兼一点课，这虽然会使自己更忙一些，却可以忙到点子上，有利于掌握工作的主动权。

兼课可以直接获得反馈信息，及时调控学校的计划、规定和要求。一所学校好比一部机器，要使学校这部机器以教学为主轴正常运转，必须进行适当的控制。一切控制系统都是利用反馈来实现控制的，学校也不例外。校长为把全盘工作组织成为一个有机整体，就要制订计划、做出规定、提出要求，然后再在执行过程中进行检验，看其是否切实可行，是否有利于"主轴"的正常运转。

一般情况下，校长要听取来自各方面的反映，也就是要收集各种反馈信息加以分析，最后作出决策。但光靠外来信息往往还不够。因为缺乏自身感受，就不知道怎样用劲。如果领导兼上一门课，同教师一起参加实践活动，那就可以直接获得反馈信息，产生自身体验，对"计划""规定""要求"中哪些是切实可行必须坚持的，哪些是需要进一步修改的，哪些是不符合实际应该取消的，就有了主意，调整起来自然就得心应手了。

兼课可以起到一定的示范作用，带出一种良好的教学风气。示范作用包括两个方面。一方面是，有的校长课讲得好，就可以针对教学上存在的问题举行公开教学，带领教师改进教学。另一方面，校长在兼课中严格要求自己，一丝不苟，久而久之，就可以带出一种良好的教学风气。

校长兼课是要花很多精力的，但是可以从中获得领导学校工作的主动权，有条件的校长不妨一试。

45. 怎样培养和建立优良校风

校风，是一所学校传统的风气与作风。一所学校的校风好不好，一进校门就能感触到。人们常常透过校风,评论一所学校的好坏。

校风包括学生的学风,教师的教风和领导的工作作风。校风的物化体现在校容、校貌和校纪上。优良校风一经形成,便有一种潜移默化的教育力量,成为影响学校现在和未来的一种重要管理因素。因此,培养优良校风,加强校风教育,是加强学校管理、加强学生思想政治工作的重要内容,对建设精神文明,清除精神污染,都有重要意义。那么怎样培养和建立优良校风呢?

①端正教育思想,把握办学的政治方向。社会主义学校培养的学生,应具有坚定正确的政治方向,身心都得到健康发展,这是我们办学的出发点和归宿。校风的本质特征首先必须体现出这个方向性。因此,学校领导必须端正教育思想,把握办学的政治方向。加强学生思想政治教育,始终是学校里一项带有根本性的任务。培养优良校风,首先就应从这里开始。

②领导要以身作则。优良的校风是学校领导优良作风的扩大和发展。一种好的学风,比如,追求进取,勤奋学习,知疑好问,动脑动手,严肃认真,一丝不苟等等,都不是学生自然而然就能形成的,也不是一两位教师强调一下就能奏效的,而是依靠教师集体的团结合作,从难从严的要求和严格的管理训练,经过长期努力工作,逐步培养起来的。因此,好的学风来自好的教风。同样,一种好的教风,比如,敢想敢干,勇于探索,管教管导,管教管学,言传身教等等,也不是自发形成的,往往是学校领导以身作则,严格要求,督促检查,启迪倡导的结果。否则,即使教师中萌发出某种好的风气,如果得不到领导的支持和培植,也是不可能持久的。因此,学校领导的作风对于培养优良校风有重要意义。

③充分利用人、财、物的条件,美化校容、严肃校纪。环境本身对人有约束力。校容整洁、环境幽美,能提人精神,促人自爱,有助于建立文明秩序和培养良好习惯。

美化校容的同时要严肃校纪。学校里有严格的纪律,才能使校容、校貌的环境美得以保持。所以,既要美化校容,又要严肃校纪,使校容、校纪相得益彰。

中 # 第三章　学校的科学管理

第一节　教学管理

1. 教学的指挥系统与反馈系统

现代中小学是一个多结构（如：处、室、团队、工会、学生会等）、多层次（校长、主任、组长、教师、职工、学生等）和多系列（思想政治教育工作、教学工作、总务工作等）的复杂系统，社会的某些因素也会对学校管理工作产生影响。因此，学校的工作是多样的、复杂的，但是，学校的中心工作是教学工作。教学管理是学校全面质量管理的核心。而加强教学管理，必须首先健全有效运转的教学管理系统，包括教学指挥系统和反馈系统。

①教学指挥系统。是在校长领导下，由主管教学副校长、教导主任、教研组长和年级备课组长所组成的。它的主要职能是计划、组织、指挥、控制、协调、检查和总结教学工作。校长是教学指挥系统的中心，主要是决策与计划。副校长是校长的助手，行使校长授予的教学指挥权。教导主任是执行计划、组织实施，即根据校长（包括副校长）的指挥，负责全校教学管理工作。教研组长主要任务是：组织教师学习方针、政策和教育理论，开展教学研究活动，抓好本组常规教学管理。年级备课组长负责集体备课和本年级日常教学工作。要求教学指挥系统对下达的指令、信息，能够畅通无阻、迅速、准确。

②教学反馈系统。它的职能是及时、准确地向指挥中心提供计划实施情况的反馈信息，以对教学过程的各个环节进行调节与控制，使教学质量向着预定的方向提高。有条件的学校可成立教学研究室，其

职能之一，就是提供反馈信息。有的学校可设一名教务干事，专门负责掌握教学计划执行的动态，通过深入教研组和班级、查阅班级教学日志、抽查学生作业、找学委科代表谈话、召开学生座谈会等途径及时获得教学计划执行效果的反馈信息，迅速报告指挥中心。同时，学校要形成领导管理教学工作的反馈信息沟通网络。校长、教导主任要分别深入教研组和班级，掌握第一手材料和可靠反馈信息；建立教研组长、班主任定期汇报制度；规定接待教师和家长日；设立意见箱等。

目前，多数学校教学指挥系统比较健全，而不重视利用反馈信息对教学过程进行控制。由于教学过程是由多个环节组成，有个较长的时间过程，有时因为缺乏对每个环节的质量控制，以致教学质量得不到保证，这是教学管理工作中一个特别值得重视的问题。

2. 教学质量管理

教学质量管理是教学管理的中心环节，它是依据质量管理标准，在实现教学工作计划过程中，对影响"教"与"学"的各种因素进行控制，注意协调各部门之间与教师之间的关系，实施对教学质量的管理，以达到提高教育质量的目的。

实施教学质量管理，应注意抓好以下几个问题：

(1) 制订教学工作计划。

认真制订教学工作计划，是实现教学质量管理的基础。中小学教学工作计划，一般有：

① 学校教学工作计划。它是制订其他部门教学计划与教师个人教学计划的根据，一般是在上学期期末教学工作总结的基础上，在新学期开学前由教导主任提出，再组织全校教师认真讨论修改，然后，提交校务会议审议通过，最后，由校长定稿，并向全校教职员报告。其主要内容有：教学工作的指导思想（依据方针政策和上级指示，针对教学思想方面存在的问题，提出明确要求。如：面向全体学生、教书育人、树立正确的教师观、学生观与质量观等）；工作内容与要求（根据改革的精神，抓几项主要工作，每项工作达到的标准，对重点年级与学科的教学要求等）；主要措施（包括教学力量的组织，提高课堂教学质量的要求、教学研究活动的安排、教师业务提高的办法、怎样做好

教学服务性工作等）；方法步骤（包括主要活动的日程安排）。

②教研组工作计划。属于执行计划，宜具体、明确。其主要内容：教师业务进修的学习内容、专题讨论题目、活动时间与负责人；全组重点研究的课题及每个教师研究题目、完成时间；教研组组会的安排（包括次数、内容、时间、负责人等）；各年级教学研究课与教学观摩课（时间、内容、负责人）；学科课外活动内容、时间、指导教师；教学检查的年级、要求与措施；等等。

③教师个人计划。主要包括：教学进度计划，个人业务进修计划，教学研究的课题计划等等。

④学校第二课堂活动计划。

学校第二课堂教学活动与传统的学科课外活动，从性质、内容与要求上，都有所不同，它是在教师指导下，以发展学生的个性特长、开发智力、培养学生探索创造和应变能力为中心的有组织、有计划、有要求的教学活动，已逐步形成为相对独立的新的教学体系。

第二课堂教学活动应坚持以下原则：面向多数原则（不能局限于少数尖子学生），实践性原则（活动内容以动手、接触社会的实践活动为主）；相互促进原则（主要指处理好第一课堂与第二课堂的关系，以实现相互促进）；因校制宜原则（从本地、本校实际出发，充分发挥学校的优势）。

第二课堂的内容也比较丰富。概括起来有：以扩大学生视野、获得最新信息为目的的各种专题讲座，向学生介绍电脑、遗传工程、海洋开发、航天技术等方面的常识；有以引导学生学习最新科技成果为目的的各种活动，如计算机活动小组，教给学生计算机的基本原理，指导学生编写简单的程序和上机操作等；有以培养学生动手能力为目的的科技活动，指导学生安装收音机、电视机，制作飞机模型和舰艇模型，采集标本以及气象预报、地震观测等；有以形成学生劳动技能为目的的实践活动，如打字、缝纫、烹调、花卉栽培等；有以扩大和深化第一课堂内容为目的的学科活动，如低年级的诗文朗读、英语会话，高年级的专题讨论、小论文交流等；有以扩大学生知识面培养自学能力为目的的课外阅读；特别能吸引学生的还有以发展学生文体爱好、促进学生身心健康发展为目的的各种兴趣小组，学习器乐、舞蹈、绘画、书法、摄影、棋类和球类、田径项目训练，等等。

制订学校第二课堂活动计划，一定要从本校实际出发确定活动内容。对每项活动要做到：定内容、定时间、定地点、定指导教师。教导处要有人分工抓这项工作的管理。每周要提前公布全校各年级第二课堂教学活动日程表，避免活动场地与指导教师的冲突，保证学校的正常教学秩序。

(2)确立教学质量标准。

教学质量标准是提高教学质量的奋斗目标，也是检验教学质量的依据。教学质量标准应包括三方面的内容，即各年级各学科质量标准、教学过程各个阶段质量标准和学习过程各个环节质量标准。

各年级各学科质量标准：根据教学大纲的要求，本年级本学科应掌握哪些基础知识和基本技能，各种能力的发展达到什么水平等。

教学过程的各个阶段的质量标准：

①备课。通过备课要做到：掌握教材（教材的知识结构及其与前后教材的联系、教材的重点、难点和关键等）；了解学生（学生的知识基础、思维能力发展状况、学习方法和学习态度、优秀生与较差生的情况等）；根据教材内容和学生实际，选择适当的教学方法；精心设计教学程序。如有演示实验，备课时必须亲自做一遍。

②上课。教师讲课要达到的基本要求是：教学目的准确，讲授内容正确，运用方法恰当，语言清晰，板书规范，学生积极性高，教学效果好。同时，在讲课中要正确运用教学原则，实现四个结合：知识教育与思想政治教育结合；传授知识与培养能力、发展智力结合；教师主导作用与学生主体地位结合；面向全体与因材施教结合。

③作业。作业分量要适当，难度要适宜，以课本的练习题为主；对难度较大的作业，可给启发性提示；要求学生对作业，必须及时、独立完成；教师认真批改作业，指出错误，要求学生找出原因，把错误改过来。

④辅导。辅导要有重点对象，以面向少数学困生为主，兼顾对优秀生的指导；对学困生的辅导不能局限于补课、多留作业，而要注重

发展其智力与学习思想品质，辅导工作要有针对性、因人而异；辅导要及时、耐心、热情，并注意通过辅导获得改进教学的信息。

⑤考试。要控制次数；出好题目；对试卷认真分析；做好讲评。

学生学习过程各环节的质量标准：

①预习。预习目的是：带着问题听课，提高听课效率；培养自学能力；逐步养成读书习惯。预习具体要求：通读新课教材，了解新课基本内容，找出不懂的地方，能提出具体问题。

②听课。听课基本要求：思想集中、积极思考；注意抓住老师讲课的思路，学习思考问题的方法，不要下功夫去记结论；积极回答老师提出的问题；大胆发表自己的见解和向老师发问；课堂笔记，只记要点，以听课、思考为主。

③复习。基本要求：及时复习；认真阅读教材；弄懂没有真正理解的问题；动脑思考，记住主要内容；注意掌握知识结构。

④作业。基本要求：独立地按时完成；先复习后做作业；作业要认真，做完要检查；作业格式规范、书写整洁，教师批改中指出的错误要及时改正，并找出错误的原因。

⑤小结。学习小结是学习过程中十分重要的学习环节。它能使学生对所学过的知识，加深理解，并使之系统化；又有利于培养学生的独立学习能力。其基本要求：在理解消化的基础上，掌握其知识结构，使之条理化、系统化，并进行简要概括；认真总结学习方法方面的经验教训，不断改进学习方法；找出学习中的薄弱环节，明确努力方向。

(3) 抓好教学质量检查。

教学质量检查是实现教学质量管理的重要手段。通过教学质量检查，及时掌握教学过程各个环节达到其质量标准的情况，及时对教学过程的各个环节进行控制与协调，以保证实现教学质量目标。

教学质量检查的种类，一般有：按时间分有平时检查与阶段检查；按内容分有全面检查与单项检查；按方式分有领导检查、同行检查与自我检查；等等。这些检查中，要特别重视平时检查与自我检查。做好平时经常性检查就能实现对教学过程的每个环节进行检查，便于及时发现问题，及时进行控制，消除影响教学质量的不利因素，通过保证各个环节的质量，达到提高教学质量的目的。同时，通过平时经常性检查和指导学生进行自我分析，就能使学生对自己的学习状况，有清醒的认识，明确努力方向；家长也能做到对子女学习情况心中有数，便于对老师的教学工作进行有效地配合。当然，不能把平时经常性检查，简单地理解为考试，平时检查的方式也是多种多样的，要严格控制考试次数，以减轻学生负担，促进学生生动活泼地主动地学习。

教师的教学过程是教师用知识和智慧进行创造性劳动的过程，领导的检查监督，只能起一定作用，对提高教学质量起决定作用的是教师的业务水平和工作中的主动性、积极性与创造性。因此，教学质量检查，一定要注意充分调动教师积极性，做好自我检查。教师在平时要依照教学过程各阶段的质量标准与学生学习过程各环节的质量标准，认真进行自我检查，期中与期末做好阶段性全面检查与质量分析，以促进教学质量目标的实现。

教学质量检查，不仅要起督促作用，根本目的是要提高教学质量，因此，要把质量检查与质量分析相结合，质量检查与教学指导相结合。

质量分析以教学质量检查为基础，以质量标准为依据。既要重视教学过程各阶段、各环节的质量分析，又要做好阶段性质量分析。期中或期末考试之后，首先认真分析试卷，找出每题中错误的类型和人数，再统计出每题的得分率、全班平均分数、最高分、最低分，每个分段（以10分为一个分段）的人数。然后，根据上述情况，找出教学中的主要问题，提出改进教学的措施。教师还要以考试成绩为基础，结合平时对学生学习质量和能力发展状况的了解，对学生进行分类排队（一般分优、良、中、差），掌握分类动态，进行分类指导。学校在每个教师、每个班级和教研组做出分析的基础上，进行全校的分析，通过同一年级平行班的对比、同一班级的不同时期的对比、同一教师所教同一年级的不同班级间的对比，来分析教学质量和学生学习状况。当然，不能把成绩作为教学质量分析的唯一根据，更不能只依据成绩高低，就对教师的教学工作作出某种结论。因为，影响学习成绩和教学质量的因素是多样的、复杂的。教学质量分析必须做到客观、全面、求实。

教学质量检查过程中，还要加强教学指导工作，使检查与指导结合起来，达到提高教学质量的目的。领导指导教学的方式很多，比如指导教师讲课、指导教师作质量分析、指导教研组工作、指导学生学习、指导学习教育理论，等等。其中指导教师讲课是最基本的方式。领导通过有计划有目的的经常听课，就能具体了解教师的备课情况、业务水平、讲课特点和教学思想，具体了解学生的学习情况、知识掌握的程度和教学的效果，结合听课指导教学，就能更具体、更有针对性，容易取得良好的效果。

(4)实行教学质量控制。

教学质量控制是教学质量管理的重要组成部分。为了实现按计划确定的教学质量指标，不仅要控制教学过程的各阶段和学习过程的各环节，也要对整个教学和学习过程进行必要的控制和协调。

实现教学质量控制，要准确掌握执行教学工作计划的动态，以教学质量标准为依据，以教学质量检查和质量分析为基础。可以说，制订教学工作计划，确定教学质量标准，搞好教学质量检查和质量分析，都是实现教学质量控制的有力措施。

教学质量的高低是多种因素共同作用的结果，其中直接影响教学质量的主要因素是教师和学生。因此，实现教学质量的控制，重点是对教师质量的控制和对学生学习质量的控制。

对教师质量的控制：首先要注意提高教师的业务水平和教学能力。领导要全面掌握教师的情况，定期对教师队伍的质量进行分析，然后分别针对不同情况，采取多种形式，不断提高教师的质量；其次，积极组织教师参加教改实践，从教师的实际出发，帮助教师确定教学研究题目，结合实践认真学习教育理论，注意积累资料、总结经验，不断提高科研能力和教学艺术水平；再次，要坚持思想政治教育，认真落实知识分子政策，做到政治上信任、工作中依靠、生活中关心、充分调动教师的主动性、积极性和创造性；最后，健全教学岗位责任制，认真进行教学检查，严格考核制度，建立教学业务档案，使教师树立质量观，认真实现教学质量目标。

对学生学习质量的控制：首先要保证学生的出席率和控制不及格

率。对缺课学生要查明原因，及时补课；对不及格的学生要采取针对性强的措施，进行耐心地帮助；对经常抄袭作业和上课思想常溜号的学生，要多做细致的思想教育工作，启发学习积极性。其次，要认真控制住小学三年级和初中二年级的学生学习质量。小学三年级和初中二年级，分别是小学和中学的关键年级，学生在这个年级容易出现分化现象。学校领导要加强对这两个年级的班主任工作和各科教学工作的管理与指导。最后，要使学生逐步理解学习过程，培养兴趣，发展特长，不断提高学习成绩等各种办法，调动学生学习的主动性。

3. 教学常规管理

教学常规管理是指对教学工作的常规活动进行管理，使其规范化、制度化，以保证常规活动的质量，提高管理工作效率，使教学活动顺利进行。

(1)由学期进程确定的教学工作管理的常规：

开学前：一般情况下，教职工可提前一周上班，做好开学准备工作，学校领导要逐项检查落实。教务处负责编好学期校历(列出全校性活动时间)、全校总课程表(抄写出各班课程表和每个教师的课表)和作息时间表；提出新学期教学工作计划，交全校教师讨论、征求意见；组织教师备课，要求教师先认真钻研教学大纲、通读本学期的教材、制订教学进度，写出1～2周上课的教案。政教处负责编好新班；检查各班教室的清扫与布置；开学前一天，组织学生报到。总务处负责维修好教室和实验室的桌椅及其他设备；发放教学用品及各部门所需的办公用品；划分公共清扫区，并在报到后，组织全班大清扫。

开学初(一般指前两周)：各项工作都要抓紧抓实，创造新学期良好的开端。开学第一天下午报告学期工作计划(包括教学工作计划)；检查落实各项计划(教研组工作计划、教师的教研和进修计划、学科课外活动计划等)；在初一和高一新生年级，安排主要学科的知识摸底检查。

学期中：听取各教研组长汇报，逐个分析教师的教学工作质量，组内开展教学研究工作的情况、应肯定的成绩、全组存在的倾向性问题；指导教研组检查一个年级的教学质量；组织期中考试(或随堂独立练习),组织教师作知识质量分析,指导学生从分析试卷入手,进行自我分析;召开各班家长会、学生座谈会,征求对教学工作的意见;校长向全校教职员作期中教学工作总结;着重知识质量分析,充分肯定积极因素,具体指出存在的问题,明确后半学期教学工作的重点和主要措施。

学期末:做好期末复习和考试的动员与组织工作。指导教师上好复习课,教育学生认真系统复习;由教研组负责出题,学校认真进行审查。在教师自我分析的基础上,做好期末质量分析,并向全校作教学工作总结(教学工作和主要工作任务完成情况;教学质量的分析和总的估计;主要的成绩与问题,对优秀教师进行表扬,主要经验和教训等)。确定并公布下学期教师的工作任务。

(2)由教学过程确定的教学工作管理的常规:

参加备课。校长要按领导分工要求,深入一个教研组,重点参加一个备课组的备课活动(一般经过半个学期后,校长可再深入其他教研组)。一方面了解备课情况,检查是否达到备课质量标准,同时,对教师的备课给予指导。校长可在一周或两周内,参加一次集体备课活动。

经常听课。校长听课是深入教学、了解教学情况、密切同教师的关系的一种良好形式。校长每周以听4~6节课为宜,一个学期内力争能听到每个教师的课。开学初,大量广泛地听课,以了解面上教学计划执行情况;期中前后,可重点听课。比如连续听某教师一个教学单元的课,或是在一个班级连续听1~2天的课,或是在同一年级听同一进度的几位老师的课,这种听课,目的是为了深入研究"教"的情况与"学"的情况。期末,可听在教学中有某种特点的教师的课和青年教师的课,目的是为了总结推广经验和帮助青年教师总结提高。有时为了探讨某个问题,可邀请教研组长一起听课。去听自己不熟悉的学科时,邀请老教师和教研组长共同听课,能取得较好的效果。校长听课前要熟悉教材,听课时做好记录,课后主动同任课教师交换意见,充分肯定成绩,指出缺点,也可共同研讨有关问题。

此外,还要注意检查和指导教师布置与批改作业、辅导、考试等项工作。

(3)由年级特点所确定的教学工作管理的常规(以中学为例):

初中一年级:中学生与小学生比较,学习生活有很大变化,必须注意做好中小学的衔接工作,使初一学生尽早适应中学的学习。为此,要做到:①由于小学教师抓得紧、抓得细,而中学独立学习要求提高,教师要特别注意改进教法,逐步培养学生自觉学习的习惯和独立学习的能力;②由于小学学科少,中学学科门类突然大量增加,学生很不适应。各科教师要耐心指导学生学习,班主任要经常指导学生科学地安排好学习时间;③入学后对语文、数学两科进行知识摸底,正确掌握学生的知识质量状况,对学习成绩不好的学生有针对性地进行具体辅导;④学生由小学进中学;充满新鲜感,进取心很强,教师要利用这个有利时机,对学生进行学习目的教育,激发学生的求知欲,培养学习兴趣,养成良好的学习习惯。

初中二年级:它是中学的关键年级,学生容易出现"两级"分化现象,这是因为:①处在初二年龄段的学生,身心发展很快,有其独特的生理与心理特点;②初二新开设的几何与物理两科,要求学生具有一定的抽象思维能力;③外语的语法内容增多及代数等其他学科对学生的要求提高。初中二年级掉队的学生,以后再跟上来,困难就很大了。因此,领导要特别重视初中二年级的各项工作,从教育工作管理来看,要注意以下几点:①要重点深入这个年级,经常分析各科教学质量,对教学过程的各个环节加强控制,防止出现新的较差生;②抓好起始学科,如几何与物理,要注意配备有经验的、事业心强的几何教师与物理教师。③初二学生是处在思维发展的过渡阶段,各科教师要结合教学内容,促进学生由形象思维向抽象思维过渡,或者说由经验性逻辑思维向理论性逻辑思维发展,即教学中要教会学生思考,注意培养学生的抽象思维能力。④各科教师要对本科的差生进行深入调查,全面分析,有针对性地进行耐心帮助;学校要在每学期至少召开两次会议,组织初二主要学科的教师,专门研究差生的辅导工作,领导要具体掌握差生名单及其动态。

毕业年级:要做好以下教学管理的常规工作:①认真总结好上届毕业年级教学工作的经验教训,制订好毕业班教学工作计划,要端正教学思想，正确处理讲授新课与总复习的关系，不可抢进度；②组织教师认真钻研教学大纲和属于毕业总复习的全部教材，掌握学科知识结构，保证总复习质量；③有计划地进行独立练习，并逐步由本学科的综合训练发展到有关学科之间的综合训练，注意帮助学生在牢固掌握基础知识的基础上，提高综合运用知识的能力；④注意分析各类学生的知识质量状况，具体掌握每个学生学习上的薄弱学科及其薄弱环节，采取有力措施，做好有针对性的辅导工作。

4. 教师管理

学校管理的对象，主要是教师和学生。而对学生的管理中，教师又起着主导作用。因此，教师管理是学校教学管理的重要内容，在整个学校管理工作中也具有重要意义。

搞好教师管理，要正确认识教师劳动的特点及其在育人中的特殊作用；要重视教师的教育教学思想建设；要牢固树立尊重教师，依靠教师办学的思想。同时，要认真做好以下几项管理工作：

(1)全面了解教师。

全面了解教师是培养、使用、做好思想工作的前提。对教师不了解，培养就会没有目标，使用必然带来盲目性，思想工作也会一般化。

对教师的了解应力求全面、客观：①要了解教师的政治思想觉悟、道德品质修养、文化业务水平、教育理论素养以及教育工作能力（如口头表达能力、组织管理能力、班主任工作能力、教学工作能力）等；②要了解教师的各种心理品质，如兴趣是否广泛、情感是否丰富、意志是否坚定，以及实际教育能力状况等。了解和分析教师心理品质，对于合理使用教师有重要指导意义；③要了解影响教师思想、工作积极性的其他因素，如家庭环境、生活水平、工作条件、健康情况、同志关系、师生关系等。

校长应充分了解每个教师的全面情况，特别是教师的教育教学能力和各种教学活动质量，更要心中有数。校长应成为教师的知心朋友。

了解教师的全面情况，是一件复杂而艰巨的工作任务，校长要肯在这方面下功夫。校长了解教师有多种方式和方法。如查阅档案、同行评议、教师组长汇报、召开师生座谈会等，而更重要的了解方式和方法，应该是深入教研组，亲自参加备课、听课和其他教学活动，以及个别谈心和家庭访问等。其中通过听课，是了解教师的主要方法。

讲课是教师工作的主要内容，课堂是教师活动的主要舞台。教师的教学思想、学识水平、教学能力、思想情绪乃至某些个性心理品质，在教师讲课中，常常能较充分地反映出来。因此，校长听课不仅能检查督促教学，还能了解教师的各种情况。同时，校长听课后，在同教师谈心、交换意见、研讨问题的过程中，能进一步密切同教师的关系、增进情感和加深了解。

(2)加强对教师的思想工作。

加强对教师的思想工作，是教师管理的一项重要内容。因为教师的思想决定教学工作的方向，直接影响着教育质量。而加强教师的思想工作的根本目的，是调动教师工作的主动性、积极性和创造性，充分发挥教师的作用，以实现学校的教育目标。同时，根据现代管理理论还要注意以下几个问题：

①要尊重教师，把教师既看成是学校管理的对象，又看成是学校管理的主体。校长要鼓励教师积极提意见和建议，提供教师发表意见的机会；制订学校计划或实行某项重大改革，事前必须发动教师充分讨论，认真听取各种意见，切忌靠行政命令对教师布置工作；充分发挥教代会、校务会议的作用，创造一种民主的、和谐的研讨问题和进行工作的气氛，真正实行民主管理。

②积极满足教师的合理需要。教师的需要是多种多样的，一般情况下，这种需要还因人而异，而且每个教师的需要又常常是随时间变化的。但是，每个教师在每一时期，只有一种需要是占主导地位的。校长要设法了解和掌握每个教师在某一时期的主导需要。如果这种需要是正当的、合理的，就应采取措施积极满足；如果因客观条件限制，暂时不能满足，就要做好工作。通常情况下，校长要努力创造条件，不断改善教师的工作条件和生活条件，使教师的才能和智慧得到发展；改善与协调人际关系，使教师的劳动成果，受到尊重和积极的评价。

③校长的行为对教师要具有向心力。校长应该是教师的教师，真正成为教师的表率。办事公道，光明磊落；虚怀若谷，善于纳谏；严

于律己、宽以待人等等，这样的校长都会受到教师发自内心的尊敬与信任，其行为对教师就具有向心力。教师就会热爱学校，积极地创造性地去工作，就会主动把自己的工作目标同学校奋斗目标，紧紧地联系在一起，表现出高度的责任感和自觉性。由校长行为唤起的教师这种积极心理因素所带来的效率，是空洞的说教和依靠行政命令，根本无法达到的。

(3)合理使用教师。

合理使用教师，最重要的一条，就是要合理安排教师的工作，这是学校管理工作的一项重要内容，也是衡量校长管理水平的一条重要标准。事实证明，合理安排教师的工作，就能使教师扬长避短，人尽其才，充分发挥其积极性和创造性；反之，对教师工作安排不当，就会使教师用其所短、失其所长，使教学工作受到很大影响。安排教师工作时，一般要注意以下几点：①首要的是工作需要。在具体安排教师工作时，要坚持思想领先的原则，多做思想工作，使教师树立服从工作需要的思想；同时，对教师合理的要求，应尽量给予满足。②充分照顾教师的特点，用其所长，避其所短。根据教师的能力、个性心理特征(主要指兴趣、爱好、性格、气质等)的差异，有的教师适宜教高年级，有的适宜教低年级，有的适宜担任教研组长，有的适宜做班主任工作，有的善长搞学科课外活动，安排教师工作时，应使每个教师各得其所。③要兼顾教师间的关系。在组织某些活动，或安排同年级任课教师，或分配任课班级时，要考虑教师之间、备课组内教师之间、班主任和科任教师之间，能否相互配合与支持。对于相互意见较大，工作难以相互合作的，不要强行安排在一起。④要合理搭配，有利于各个年级、每个班级形成教师良好的智能结构。在安排落实年级备课组和班级任课教师时，要从学校教师队伍的实际状况出发，力求做到：新老教师合理搭配；骨干教师与一般教师合理搭配；男女教师合理搭配；同时，还要注意保证起始年级和起始学科的教师质量；把组织管理能力较差的教师，尽量安排到优秀班主任所在班级任教。

合理使用教师要同培养教师结合起来。新老师可"先踏步、再跟班"，便于熟练掌握教学、积累教学经验，同时，这样也有利于减轻新教师的精神压力和思想负担，增强工作信心。在可能条件下，可实行"小循环"或"大循环"，使教师的工作相对稳定，便于掌握本学科的全部教材和熟悉各年级学生的特点，也有利于调动教师的积极性，增强工作责任感。

合理使用教师，要注意发挥老教师的作用。适当减少老教师的教学工作量，让他们在指导新教师、开展教学研究、给学校工作出谋划策等方面多起作用。

(4) 大力培养教师。

做好教师的培养与提高工作，是学校管理工作中的一项具有战略意义的经常性工作。教师队伍的素质和业务能力，是决定学校教育质量的关键性因素。因此，必须把大力培养教师，作为教学管理的重要内容。

大力培养教师，必须明确培养的方向和目标。使教师做到要有比较渊博的知识，掌握教育科学，懂得教育规律；更要有高尚的道德品质和崇高的精神境界。由于教师的政治思想、业务水平与教学能力等多方面的差异，培训与提高工作，也要从教师的实际出发，因人而异。学校要帮助每个教师制订短期和长远的进修提高计划。对不同类型的教师的进修提高，要给予具体指导。如新教师，主要是熟悉教学、掌握教材、学会备课和讲课，逐步提高教学总结能力；学历低、业务基础差的教师，应尽快系统补习专业知识，首先过好教材关；中年教师要进一步学习教育理论，更新专业知识，提高教育研究水平和总结能力；老年教师要用先进教育理论作指导，把自己的实践经验上升到理论高度，进行系统地总结。

中年教师年富力强，是教学中的骨干力量，应让他们挑重担（如担任教研组长、年级备课组长）；承担教改项目、重点课题研究和观摩课教学等任务，给他们创造条件外出参观学习，参加学术会议。各学科要选准一两名政治素质好、业务水平高、教学能力强的中年教师，对他们提出更高要求，在教学实践中进行重点培养，使他们能成为本学科的带头人。一个学校能培养出一批具有一流水平的教师，就一定能培养出一流水平的学生。

在教师的培养与提高工作中，要坚持又红又专的方向，正确处理政治与业务的关系、进修与工作的关系，同时，要加强教师的教育思想建设，不断提高教育理论水平。

培训教师要坚持在职为主、自学为主。结合工作学习专业知识和教育理论，通过参加教改实践和开展教学研究活动，使教师的业务水平和教学能力，能普遍得到提高。对需要系统进修而工作中又能抽出来的中青年教师，也要积极组织他们去脱产进修。

(5)严格考核教师。

考核教师是教师管理的一项内容，也是管理教师的一种手段。它不仅能促进教师业务能力的提高，调动教师的积极性，也有利于学校领导对教师的了解，便于积累经验和发现问题，及时对工作进行总结、指导和控制，从而提高教育质量。

考核教师的内容，应以教师的工作职责和教学过程各阶段的质量标准为主要依据，可从下列四方面进行考核：

①工作任务的多少，即工作量。学校可根据上级规定的教师编制和学校教师队伍的实际状况，拟定一个学期内任课教师的平均工作量。有的学校要求每个教师除担任每周规定的任课节数(如规定中学语文、数学、外语和高中物理，每个教师教两个班，其他学科每周12节左右。每个教师每周备新课不超过6节。跨年级授课的教师，每周备新课不超过4节)之外，还要兼任职，如班主任、年级组长、教研组长或学科、科技指导教师。

②工作态度好坏。重点考核是否能认真履行教师职责和遵守教师职业道德；是否能做到教书育人，全面关心学生，积极认真开展各项工作；教师之间的团结互助以及遵守纪律等方面的情况。

③业务水平高低。着重考核学历是否达到国家规定的标准、对进修的态度和取得的成绩、能否胜任教学工作、教育研究水平、指导学生课外活动的能力等。

④工作成绩大小。主要考核教师在教育、教学、教研、课外活动指导等方面的实际质量和所做的贡献。

根据教学工作的实际和教师工作的特点，教师考核应以自我考核为主，并使自我考核与领导考核相结合，同时要重视同行的评议，认真听取学生和家长的意见。

考核一般可每学期进行一次,考核结果要载入教师业务档案。

5. **教研组建设与管理**

教研组是组织教师开展教学研究的组织,是学校教学指挥系统的基层组织。教研组工作直接影响着学校教育质量。因此,加强教研组建设与管理,是教学管理中的一项重要任务。

我国中小学建立教研组,是建国以后出现的。1957年1月21日中央教育部发布的《关于中学教学研究组工作条例(草案)》指出:"教学研究组是教学研究组织,不是行政组织的一级。它的任务是组织教师进行教学研究工作,以提高教育质量,而不是处理行政事务。教研组长负责组织领导本组教学研究工作,而不是介乎校长、教导主任和教师中间的一级行政干部。因此,除条例中所规定的教研组工作内容之外,不应当给教研组和教研组长以属于学校行政方面的工作。根据此条例规定精神和教学工作实践,教研组的基本任务应该是:

(1)组织教师学习政治理论,有关的教育方针政策。

(2)开展教学研究活动。认真学习教育理论,钻研教学大纲,研究教材教法,组织教学专题讨论,举行教学观摩活动,交流教学经验等,以不断提高教师的业务水平和教学工作能力。

(3)督促检查教师完成教学计划。教研组要对本学科的教学质量负责,注意经常检查指导,分析教学质量,督促教师。认真完成教学计划。还要做好给缺课教师代课等日常教学的组织工作。

学校领导抓好教研组的建设与管理,要注意做好以下几项工作:

(1)建立和健全教研组。同学科教师在3人以上,可成立教研组。3人以下的,可由相近学科教师组成多科性教研组(如体音美教研组)。中等规模的中学,一般设立语文组、数学组、外语组、物理组、化学组、生物组、体育组、史地组、音美组。教研组内有两名以上教师教同一年级,可设立备课组。规模较大的学校,语文、数学、外语等学科,可在教研组内设立高中组和初中组,便于开展教学研究和调查日常教学与深入分析教学质量。为提高教研组工作质量,教研组应制定有关的规章制度,如学习制度、备课制度、听课制度、会议制度和考勤制度等。

(2)选好教研组长。教研组长是学科教学研究和日常教学工作的组织者和领导者，是教导主任管理学科教学工作的得力助手。因此，教研组长必须是学校的教育骨干和学科教学的带头人，应该具备以下基本条件：①业务水平高、教学能力强、有独立开展教学研究的能力，有丰富的教学经验，教学效果好，在师生中有较高的威信。②有较强的组织管理能力和具有一定的思想工作能力。教学工作质量、教师教学的效果同教师本人的思想情绪、教研组内的人际关系与民主研究的学术风气，都有着密切关系。因此，教研组长不仅要善于组织管理，也要会做教师的思想工作。③虚心好学、严以律己、作风民主、善于团结群众。

教研组可设组长1人，大教研组可设副组长1至2人。组长人选的确定，应充分听取教师的意见，在群众选举的基础上，由校长任命。

(3)指导教研组开展教学研究活动。教学研究活动是提高教学质量的有力措施，是提高教师的教学业务能力的重要途径，是教研组的中心工作。加强教研组的管理，就要指导教研组开展好教学研究活动，具体做好以下几项工作：①落实教研组的重点研究课题和每个教师的教学研究题目，要明确开展研究的方法步骤、完成时间。②利用间周一次的教研组组会时间，组织学习教育理论或本学科教学的专题文章。③组织专题讨论会。如理科讨论如何进行概念教学，理化学科讨论怎样加强实验教学，语文学科讨论怎样进行各种体裁的课文教学；等等。④组织教学观摩活动。可以结合教学研究课题，选择有关教学内容，从探讨问题出发来设计教学方案，再组织观摩教学；安排经验丰富、有特色的教师上示范课，由青年教师上教学汇报课。观摩教学前教研组要帮助上课教师做好充分准备；听课后要及时组织评议，共同探讨某些倾向性问题。⑤组织教师相互听课。这是提高教师教学水平的有力措施。听课不仅能学人之长，共同提高，还能了解学生"学"的情况，从而有利于改进教学，提高教学质量。有的教师在个人充分备课、写好教案的基础上，上课前先听平行班教师的课，从"教"与"学"两个方面发现问题，学习经验，这是一种值得提倡的备课方式。教研组要有互相听课、互相学习的良好风气；教研组对教师的听课要提出明确要求,如规定教师每周至少听一节课,要认真做听课笔记,课后同讲课教师交换意见。有的教研组在学期末还以《我在本学期听到的一堂最好的课》为主题,组织全组教师进行座谈,这对活跃教学研究思想、提高教学评价能力、促进教师间互相了解与互相学习,都是有益的。
⑥组织经验交流。学期末可安排一两名教师向全组介绍教学经验,以起推动和示范作用;学年末,召开全组教学经验交流会,要求每个教师事前提交一份专题经验总结。对总结能力差的教师,可降低总结的要求,但必须起步。因为只有不断提高教师的教学研究水平,才能不断提高教师的教学水平。

(4)指导教研组抓好常规教学工作。比如学期初,帮助教研组制订工作计划(特别是要落实好教学研究活动和间周一次的教研组组会的内容安排);期中指导教研组检查教师完成教学计划的情况(教研组除了全面检查之外,应重点检查一个年级的教学,领导也要亲自参加检查过程),并对本学科的教学质量做出分析,提出改进教学的措施;期末做好教学的总复习、考试和总结工作。

为了充分发挥教研组在教学管理中的作用,校长要经常深入教研组,具体指导和积极支持教研组长的工作,帮助解决工作中的困难;同时,还应按照教研组长的职责,授予教研组长以一定的权力。如:新学年教师的配课,应由教研组长提出方案,如果从学校角度考虑到班主任配备及其他因素,对教研组提出的配课方案需要个别调整时,要先征得教研组长的同意;教师调入要先由教研组考核,教师调出教研组要征求组长意见;教师外出兼课,必须经过教研组长同意,然后学校领导审批;等等。

第二节　班级管理

1. 组织班级集体

学生班级集体是班主任进行教育工作的手段,是促进学生德育、智育、体育、美育全面发展的有力保证。因此，组织班级集体是班级管理的重要内容，也是班主任的一项基本任务。有的班主任接班前就注意了解学生的情况，又做了大量家长工作；接班后，经常深入班级，还做了很多细致的个别思想工作，但是没有下功夫抓组织班级集体，结果，常常是事倍功半。而优秀班主任则十分重视组织班级集体的工作，并注意充分发挥良好的班级集体在教育学生中的作用。

学校领导在组织班级集体过程中，要指导班主任做些什么工作呢？

(1)确定班级集体的奋斗目标。

青少年有很大的热情，积极向上，只要能给班级确定合理的奋斗目标，就能激发青少年的进取精神，增强学生的责任感和荣誉感。

合理的班级集体奋斗目标是班级集体前进的巨大动力，它是根据党的教育方针、学校工作计划的要求和班级的实际情况提出来的。班级奋斗目标应该是具体的、由低级向高级发展的，是学生能够接受并经过努力能够实现的。比如：有的优秀班主任接受一个纪律和学习都较差的班级后，精心设计向集体逐步提出不同层次的奋斗目标。她先提出：搞好班级卫生，争取得"卫生红旗"。于是她把班级骨干发动起来起带头作用、自己也亲自跟学生一起大扫除，把教室打扫得干干净净，布置得整洁美观，使教室面貌焕然一新；接着她注意教育大家保持教室整洁、督促值日生认真做好清扫工作，第三周后，他们班得了"卫生红旗"，这是这个"落后班级"过去连想都没有想过的。这样，增加了集体的信心，鼓舞了学生的志气，前阶段少数对集体不关心的同学，也开始发生变化。之后，班主任提出要求全班同学都必须行动起来才能达到的目标，即课间操做到"快、静、齐"。达到这个目标，把全班同学的积极性都调动起来，师生关系也更加密切了，不仅使学生开始热爱集体的荣誉，意识到自己在集体前进中的责任，而且增加了对班主任的信任和亲近的感情，这是班主任进一步做好班级工作的重要基础。期中之后，班主任把学生的积极性引导到学习中来，先抓课堂纪律，提出"让每位老师都满意"，再向学生提出提高学习成绩的要求；同时，又采取抓课堂纪律、认真完成作业、加强对较差生的辅导、帮助学生改进学习方法等措施；最后，由于全班学生的共同努力，学习成绩大幅度提高，班级面貌大变。

(2)培养班级骨干。

青少年好奇好学、模仿性强，先进人物的模范行为和英雄事迹，以及身边的学生榜样，容易使学生受到感染和激励，有着巨大的教育作用。因此，优秀班主任都很重视培养班级骨干，培养各种典型。这些学生不仅是班主任工作的得力助手，更是给学生潜移默化影响的无形的教育力量。

班主任首先要挑选那些德育、智育、体育、美育几方面表现较好，关心班级集体，有一定的组织领导能力，在同学中有一定威信的学生来担任班级干部，形成集体领导核心。

班主任对学生干部要重培养、重教育、严格要求。对干部分担的工作要给予具体指导，比如帮助他们制订工作计划，研究具体措施，讨论注意问题等。本着培养干部的"先扶后放"的原则，班主任要耐心细致地指导学生干部，先做好一件一件的具体工作，再逐步帮助他们独立完成各项工作活动。特别是要鼓励学生干部的首创精神，让学生干部能独立设计主题班会、开展课外活动、组织参观调查、主持大型集体活动等。对学生干部与班级骨干的严格要求，应做到以下几点：①以身作则，发挥带头作用；②严格要求自己，有错必改；③具有民主作风，遇事同大家商量；④尊重同学，平等待人；⑤勤奋刻苦学习，成为同学的榜样。

事实证明：班级骨干和学生干部在班级所起作用的大小，除他们自身的条件和表现之外，跟班主任在全班学生面前对他们所表示的信任程度，以及帮助他们树立起来的威信有极为密切的关系。班主任要在严格要求的基础上，支持学生干部大胆地去工作。工作中出现问题，既要帮助他们总结教训，又要从班主任角度多找原因、主动承担责任。

班级骨干力量的队伍应不断扩大，班主任要善于发现新的积极分子；对某方面有特长的学生，要注意充分发挥他们的作用；班级干部可采用轮换办法，让更多的学生能得到实际锻炼的机会。

(3)开展有意义的集体活动。

一个良好的班级集体，每个学生对集体有高度的责任感，同学之间有同情心、亲切感,师生之间有亲密和谐的关系,而这种感情必须通过集体活动来进行培养;同时,青少年好动的心理特点,也要求我们积极开展有意义的集体活动,寓教育于活动之中。这也是优秀班主任的一个重要的教育方法。

班级组织的集体活动,有参加学校组织的学科竞赛活动、田径运动会、各种单项体育比赛、学校文艺汇演等,这些活动都关系到班级集体的荣誉,是培养学生的集体观念、增强责任感的极好机会,班主任必须十分重视、认真做好思想组织工作。比如,在活动前,要讲清意义,调动全班学生的积极性;在活动中,要周密组织,鼓励每个学生积极主动地为班级集体做出最大贡献;在活动后,要认真进行总结,及时进行表扬。有的班主任由于自己爱"静",对组织这些集体活动不热心,结果,常常失掉工作良机,班级死气沉沉。还有些活动,比如春季的野游、夏季的夏令营活动等,学生有着极大的兴趣,班主任组织好这些活动,使学生之间相互了解、加深友谊,并创造条件,使学生之间、师生之间的思想感情能得到充分的交流,这对于建立班级集体有着特殊的意义,因为班级集体是以同学间、师生间的感情为基础的,感情深厚的集体,才能有活力。

学生的主要任务是学习,开展集体活动不宜过多,应注重提高活动质量,力求实现活动的目的。同时,要特别注意关心后进学生,有意识地多做思想工作,通过活动促使其转变。

(4)抓好日常的班级管理。

组织良好的班级集体是一项很艰巨的任务,光靠搞几次活动是不行的,必须依靠班主任做好大量的思想教育工作,其中包括班主任要经常深入班级,抓好日常的班级管理。在这方面要注意以下几点:

①进行常规教育,形成学生良好的行为习惯。根据学校制定的各项规章制度,如《一日常规》《课堂规则》《自习规则》《作业要求》《考试规则》等,从本班学生的实际情况出发,提出某些切实可行的要求,通过反复教育、督促检查、狠抓落实,逐步变成学生自觉的行动,经过长期坚持,就会变成学生良好的行为习惯。

②开好主题班会,形成班级正确的集体舆论。主题班会是通过班

级集体对学生进行教育和影响的一种教育形式,也是中学生进行自我教育的有效方式。经过精心设计、认真组织,开得很成功的主题班会,就能给学生极大的鼓舞作用,也能促进形成良好的班级集体和正确的集体舆论与班风。

主题班会的形式可以多种多样,内容也十分丰富。确定主题班会的内容与形式,都要根据学生的年龄特点和班级的实际情况,要能引起学生的兴趣、对学生有吸引力。比如:"当我14岁的时候"、"16岁,闪光的年华"、"祖国啊,母亲"等主题班会,都收到了良好的教育效果。在主题班会的准备过程中要特别注意调动学生的积极性与主动性,发动全班学生积极参加班会的准备工作,从而,使学生在准备中受到深刻的教育。

利用班会,抓住典型事例进行讨论,使大家明辨是非,对形成集体舆论也会起积极作用的。

③多做个别思想教育工作。善于跟学生个别谈话,是班主任应具备的一项基本功。学生的思想有其共同点,但每个学生的思想又有自己的特点,且处在不断发展变化之中,因此,班主任除了通过集体对学生进行教育之外,还必须深入细致地做好个别教育工作,"一把钥匙开一把锁"。这就要求班主任要全面了解每个学生各方面的情况,如家庭情况,跟社会上什么人接触多,本人的爱好、兴趣、特长、学习、思想、生活状况,主要的优缺点等;然后有针对性地采用恰当的方法,做好个别教育工作,特别是对班级的后进生,更要"动之以情、晓之以理""导之以行、持之以恒"。后进学生的转变,对形成良好的班级集体将产生积极的、深刻的影响。

2. 培养优良学风

青少年时期正是长身体长知识的重要时期,青少年学生的主要任务是学习。而学习环境,特别是所在班级的学习风气,对学生的学习有着极大的影响。班级有浓厚的学习风气就会对学生的学习产生巨大的动力作用。因此,学校领导在抓班级管理中,就应指导班主任(包括班级任课教师)注意培养班级的优良学风。

班级优良学风的内容,随小学、中学及其不同的年级而不同,比如在中学应包括：勤奋、刻苦、好问、互助等。这种优良的学风反映在班级的学习活动中，如课堂上能积极动脑思考、大胆提出问题；自习时有良好的纪律，认真钻研教材；考试时严守考场纪律。对每个学生来说，则表现在能自觉预习、认真听讲、先复习后作业、作业能认真独立完成等。这种班级的优良学风，不是自发产生的，而是学校领导、班主任和全班师生共同努力的结果。根据优秀教师的经验，在培养班级优良学风的过程中，要注意以下几个问题：

(1)培养典型，充分发挥榜样作用。

中小学生，他们好奇好学，积极向上，模仿力很强。事实证明：榜样对他们的激励和教育作用是巨大的。有经验的班主任在培养班级优良的学风过程中，都很重视培养典型和发挥榜样的作用。革命先辈胸怀大志刻苦学习的精神；社会主义时代自学成才的青年顽强学习的毅力；身残志坚的青年惊人的学习事迹，都对青少年学生具有很大的吸引力。利用这些感人的材料，通过故事会、讲演会、朗读会、主题班团队会等多种形式向学生进行教育，就会收到激励学生奋发学习、刻苦钻研的良好教育效果。

班主任要特别注意在本班学生中培养典型，进行榜样教育。本班学生中的典型，朝夕与同学们一起学习、生活、劳动，是学生所熟悉的人，他们会感到看得见、摸得着，容易学，能够鼓舞他们学习的信心。优秀班主任总是把培养班级的各类学习典型，如：勤学好问的典型；课堂善于动脑思考、敢于大胆发言的典型；学习认真踏实、一丝不苟的典型；通过刻苦学习，后进变先进的典型等，作为一种经常的、有效的教育方法。班级有这样一些刻苦学习的典型起榜样作用，就很容易形成勤奋好学的优良学风。

(2)运用班级集体的力量培养学生良好的学习习惯。

对于中小学生来说，培养良好的学习习惯和浓厚的学习兴趣，是极为重要的，这比多学一些具体知识要有意义得多。对于低年级学生来说，养成良好的学习习惯，不仅有利于形成班级良好的学风，有利于提高学习质量，也将会使学生受益终生。

中小学生良好的学习习惯，包括很多具体内容，也有一个由低层次向高层次发展的过程。比如,认真书写爱整洁的习惯,发现错误及时纠正的习惯,认真独立完成作业的习惯,课前自觉预习的习惯,课上课下好提问题的习惯,刻苦钻研的习惯和勤奋好学的习惯,等等。这些良好学习习惯的养成,非一日之功,需要长期进行教育、培养和严格的训练。其中,运用班级集体的力量来培养学生的良好习惯,是一种行之有效的办法。有些班主任利用学生对班级集体的责任感、荣誉感和注意充分发挥集体舆论的力量,让学生按照预习、听讲、复习、作业和小结等学习环节的具体要求进行学习,从而逐步形成良好的学习习惯,取得满意的教育效果。比如,有的班级抄袭作业的现象很严重,班主任与科任教师多次的批评教育也难制止这种现象。但是,如果班级有正确的舆论,认为抄袭作业是学习懒惰的表现,是一种可耻的行为,学生抄袭作业的现象就会减少,甚至杜绝,从而使学生逐步养成独立完成作业的习惯。

我们要充分认识到:运用班级集体力量对培养学生良好学习习惯的重大作用;没有每一个学生良好的学习习惯,形成班级集体的优良学风,就将是一句空话。

(3)用优良的教风来培养班级的优良学风。

教师在教育和教学过程中起着主导作用。中小学生对学习的兴趣,良好的学习习惯和科学的学习方法,都是靠教师调动学生的积极性,耐心进行培养的结果。事实证明:好的学风来自好的教风;教师自身的行为作风是形成集体优良学风的最有影响力的重要因素。因此,在日常教学工作中,教师必须做到:以身作则,言传身教,管教管导,教书育人;热爱学生,尊重学生,耐心辅导,认真负责;治学严谨,虚心好学,不耻下问。这样的教师在学生心目中就会有威信,就会成为学生学习的榜样。相反,如果教师在课堂上教学态度不认真,课后辅导、批改作业中不负责任,这样的教师就得不到学生的尊敬与信任,给予学生的也多是消极的影响,自然更谈不上培养学生的优良学风。

3. 家长工作管理

班主任是学校与家庭联系的桥梁。由于学生(包括中学生在内)每天在家庭里度过的时间较长,家长对孩子行为的认识比较具体、深刻,而学生的思想品德、个性特征、学习质量和健康状况,又要受到家庭较大的影响;同时,从对学生教育起主导作用的学校教育来看,必须取得家长的支持与配合,对学生的教育才能更有成效,因此,学校领导必须指导班主任,认真做好家长工作。特别是现在,更要看到家庭教育发生的某些变化,如:多数家庭已有收音机、录音机、电视机,学生可以通过听广播、听录音、看电视以及书刊和报纸等多种渠道接受各种信息;家长之间,家长与亲朋好友之间交谈时,对孩子毫不回避,常常流露出一些不健康的东西,给学生一定影响;家长对孩子的学习特别重视,"望子成龙"心切,而对孩子的思想、劳动、健康都比较忽视。现代家庭的这些变化,需要我们认真地去研究,同时,学校要进一步密切同家长的联系,取得家长的有力配合,充分发挥家长的教育作用,才能取得良好的教育效果。

学校领导怎样指导班主任做好家长工作呢?

(1)注意了解和分析家庭情况。

了解和分析家庭的情况,是有的放矢地做好家长工作的前提。要了解的家庭情况包括:家庭成员的结构(如是否有爷爷、奶奶、姥姥、姥爷、兄弟姐妹情况、是否是独生子女等),父母的职业、文化程度、相互关系及其对子女的态度,家庭的经济状况、居住条件及生活水平,家长同邻舍的关系及主要亲朋好友的情况,等等。在全面了解学生家庭情况的基础上,要进一步分析:①家庭对学生的影响中,起主导作用的是谁?②家庭对学生有些什么主要影响?③学生的思想、行为及其他主要表现,从家庭方面能找出什么原因?

了解学生家庭的情况,可以通过查阅学籍、跟学生谈话、进行家访等方法。有的班主任通过其他家长或访问邻居来了解学生家庭及家长的情况,这样容易造成家长的误解,也会对工作产生不良影响,这一点是班主任必须注意的。

(2)做好家庭访问。

家庭访问是班主任的一项经常性工作,是联系家长的主要方式。

有经验的班主任，接班之后，会争取一切时间尽快地对全班学生的家庭作一次普遍访问，这种访问的目的是同家长见见面，了解家庭的一般情况，看看家庭周围的环境。在此基础上，再有计划地、有目的地进行家访。家访时，班主任应积极主动向家长介绍学生在校的思想、学习、纪律、劳动、同学关系等各方面的情况；同时，注意了解学生在家的具体表现（包括学习、劳动、时间安排、是否尊敬家长与兄妹、同邻居孩子的关系等），共同研究教育措施，促使学生德育、智育、体育、美育诸方面得到更加健康的发展。

进行家庭访问要注意以下几点：①切忌专门向家长"告状"。这种"告状"式的家庭访问，常常造成师生对立，有时也会疏远家长与教师之间的关系。优秀班主任家访时，常常是把学生叫到跟前，进行热情而坦率的谈话。在这种彼此信任的气氛中，进行必要的批评，也会达到较好的效果。②要针对不同的家长，采用不同的谈话方式。比如：对知识分子、干部的父母与子女关系和谐的家长，谈话时可以坦率诚恳、直截了当；对溺爱、姑息、偏袒的家长，要热情耐心，用劝导方式启发家长正确对待子女；对简单粗暴不尊重学生人格的家长，要从爱护学生出发，对学生家长进行说理诱导。③家访时，班主任要做到谦虚谨慎，虚心听取家长意见，共同商讨问题，以同学生家长建立良好的关系，使学校工作能取得家长的配合与支持。还要看到家长尊重教师和支持学校工作，将会对学生产生积极的影响。

(3) 开好学生家长会。

班级学生家长会一般在学期期中总结之后和学期结束时召开。全体任课教师都应参加会议。主要内容是汇报学生德育、智育、体育、美育诸方面的情况，学校与班级对学生所做的工作，并从班级实际出发，向家长提出希望与要求。会议开法：先由班主任全面汇报，主要学科教师汇报本学科的教学情况及学生学习状况；然后，请家长提出意见、建议；最后，部分家长同班主任与任课教师，分别做个别交谈。此外，根据特殊需要，还可以召开部分学生家长会。这种会，目的性强，对家长有共同要求，研究问题能比较深入，容易收到较好的效果。

家长会议次数不宜过多,会议时间不宜过长。有时,班级家长会可同全校性家长会结合起来进行。农村学校,学生家长居住分散,教师可到家长居住较集中的点去分别召集会议。

(4)认真接待家长来访。

家长来校访问班主任和教师,是学校同家长保持密切联系的一种比较灵活的方式。为了提高接待质量,又不过分加重教师负担,班主任可向学生宣布每周接待家长时间(当然,特殊情况,其他时间家长也可来校)。家长主动来访,有的是出于对学生的高度关心,有的是发现学生的某种问题,有的是对学校、教师有意见或建议,不管什么情况,班主任和教师都要热情接待,达到改进学生思想教育工作的目的。

班主任不宜轻易地给家长打电话,或通过家长单位通知家长,或让学生带条给家长等方式,邀请家长到校处理学生的问题。因为这样做容易造成某种误解或其他后果。一般考虑到某些特殊原因(如:研究学生问题时,学生不宜在场;家庭对子女的教育要求不一致、情况比较复杂等),不便家访时,才邀请家长到校。

此外,对低年级学生还可采用"联系手册"的形式,加强班主任与家长的联系,这种"联系手册",通过家长与班主任充分肯定学生的进步,可以起到不断激励学生的作用。班主任也可挑选几名热心学校工作、教育子女有方、又有能力和精力的家长,组成班级家长工作小组,请他们帮助研究班级教育工作计划;听取他们对学校和教师的意见;参加与支持班级的特殊教育活动;帮助解决班级教育过程中的某种困难等,这对于调动家长的积极性、加强学生的思想教育工作是非常有益的。

4. 班主任队伍的建设与管理

班主任在实现学校教育目标特别是在对学生进行思想政治教育中,起着十分重要的作用。因此,加强班主任队伍的建设与管理,是学校管理的一项重要内容,是学校领导的一项带有根本性的战略任务。

学校领导怎样加强班主任队伍的建设与管理呢?

(1)选择和配备好班主任。

班主任是班级的组织者和领导者。班主任工作质量不仅在很大程度上将决定班级学生的政治思想面貌、道德品质、班级风气，而且对学生的学习质量也将产生深刻的影响。我们经常发现这样的情况：某老师教同年级两个班的课，结果这两个班的同科平均分数出现较大差距。分析其原因是较为复杂的，但是，其中起主导作用的是跟班主任工作质量有关。班主任工作做得好，班级有正确的集体舆论，有严明的纪律，政治热情高，学习风气浓厚，学习成绩必然就好。因此，有管理经验的学校领导在安排教师新学年工作任务时，首先要考虑班主任的选择与配备，确保班主任的质量。

一般来说，班主任应具备下列条件：

①有较高的政治思想觉悟，忠诚于人民的教育事业，热爱学生，尊重学生。

②业务知识比较丰富，教学能力比较强，教学效果好。讲不好课的教师，得不到学生的信任，班级工作也是无法开展的。

③懂得教育理论，掌握正确的教育方法，有一定的组织和管理学生的能力。

④能严格要求自己，处处以身作则，在师生中具有较高威信。

⑤身体健康，精力充沛。

对于刚刚毕业新分配来的青年教师，要鼓励他们中间有条件的敢于当班主任。如有可能，也可让新教师有更多的时间去熟悉教学，协助班主任做些具体工作，最好是安排在优秀班主任所在班级讲课，再"见习"一段时间，为以后当班主任打下良好基础。学校领导在配备班主任时还要考虑：每个年级的班主任中必须至少有一名经验丰富的优秀班主任，以便起到示范和带头作用。同时，要保持班主任的相对稳定。

(2)指导班主任开展好班级工作。

学校领导要经常深入班级，同班主任保持亲密关系，热情关心班主任的思想与生活，积极支持班主任的工作，并在工作中对班主任给予具体指导。比如帮助指导班主任做好以下工作：

①制订班主任学期工作计划。明确工作的指导思想；提出学期奋斗目标和总的要求；月份工作重点内容；主要工作措施等。

②组织班级集体。使班级集体有共同的奋斗目标，有正确的集体舆论，有高度的政治热情，有浓厚的学习风气，有严明的纪律等。

③努力提高学生的学习质量。通过多种方式和渠道对学生进行学习目的教育，积极主动配合任课教师进行教学工作，指导学生掌握科学的学习方法，培养学生良好的学习习惯，实现因材施教，特别是对后进学生要给予有效的帮助。

④组织好班级的集体活动。

⑤加强班级日常工作与常规管理。

(3)不断提高班主任的素养和工作水平。

有人说：班主任工作是"无底洞"，意思是说班主任的工作是复杂的、艰巨的，有时做了很多工作，也难以马上见效。因此，学校领导要关心班主任、尊重与依靠班主任，同时，要通过各种方式，狠抓对班主任的培养与提高，使班主任热爱自己的工作，不怕这个"无底洞"。

①组织班主任学习教育理论，掌握教育规律，学习科学的教育方法，树立正确的教师观、学生观、质量观。班主任没有正确的教育思想，工作就要迷失方向。

②开展对班主任工作的研究。结合班主任工作实践，开展教育研究工作，注意积累资料，认真总结点滴经验，不断提高自己的研究能力，从而提高理论水平和工作质量。

③召开专题学习会、研讨会。比如班主任工作中最重要的是形成班级集体，因为这是班主任工作的基础。可是，真正形成一个有正确集体舆论和良好班风的集体，又是很不容易的。学校领导可以围绕形成班级集体这个问题，组织班主任学习有关的理论、经验，并结合自己的工作实践进行研究讨论。有计划地开展这种专题性的学习与讨论，是提高班主任管理水平的有效措施。

④组织班主任交流经验。学校领导注意培养典型，带动大家，帮助班主任总结经验。学校可在学年末召开班主任工作经验交流会，每

年一次，形成制度。平时，也可以利用班主任学习时间，结合改进工作，组织个别班主任介绍经验。比如为了加强对学生干部的培养工作，可请某位班主任介绍：我是怎样培养班干部的？这种交流，既能推动工作，又能促进教育科研。

(4)认真抓好班主任的考核与奖励。

开学初，可发动班主任进行充分讨论，然后建立班主任工作质量标准。对班主任的几项主要工作任务，提出具体明确的要求。平时，学校领导要深入学生和教师，注意了解班主任工作情况。期中要听取班主任的全面汇报，然后，对班主任的工作质量进行认真的分析和恰当的评价。期末，依据班主任工作质量标准，先由班主任进行自我分析，再组织班主任开展相互评议，最后学校作出总结。对优秀班主任要给予荣誉称号，并进行表彰和奖励。要在全校树立"班主任工作光荣，争当班主任"的良好风气。

第三节 体育卫生管理

1. 学校体育卫生管理的目的与内容

学校体育卫生管理是对学校体育卫生工作系统的各项工作和人、财、物、事等进行的组织与管理工作。它是学校管理的重要组成部分。

青少年时期是长身体的时期，中小学的体育卫生工作管理水平，不仅关系到青少年身心的健康发展，也将影响到整个中华民族的健康水平和完成祖国建设大业的艰巨任务。因此，党和国家历来重视中小学的体育卫生工作。学校领导也要把加强学校的体育卫生管理作为自己的一项重要任务。

学校体育卫生管理的目的，是通过发挥学校体育卫生工作系统的职能，提高学校体育卫生工作质量，保证全面贯彻党的教育方针，增强学生的体质，促进学生的身心健康发展，有利于学生德育、智育、体育、美育等全面发展。为了实现这一目的，学校体育卫生管理工作就要做到：①组织和调动学校体育卫生工作人员的主动性、积极性和创造性；②合理使用体育卫生经费，充分发挥体育卫生设施与设备的作用；③积极开展体育卫生活动，不断提高体育工作质量和卫生保健水平。

在学校体育卫生管理工作中，要坚持面向全体学生，注重增强学生体质，处理好普及与提高的关系，以及认真贯彻预防保健的方针等。学校体育卫生管理工作的具体内容有：

(1)健全学校体育卫生组织。

学校体育卫生工作，涉及学校各个部门和全校教职员工，为了把学校各方面的力量组织起来，发挥其积极性，学校可成立体育卫生工作领导小组，统一组织和指挥全校的体育卫生工作。领导小组由主管校长、教导主任、团队负责人、体育教研组组长和校医等人员组成。主管校长统一领导与指挥；教导主任具体负责落实。

要健全体育教研组与学校卫生室的职责，指导他们开展好体育课教学、体育课外活动以及卫生保健工作。

学校体育卫生管理的对象主要是学生，因此必须注意调动学生的积极性，要充分发挥共青团、少先队与学生会等学生组织的作用。各班班委会中要设立体育委员、生活委员，负责管理班级的体育卫生工作。学校要成立田径运动队和某些单项(如篮球、足球、乒乓球、体操等)代表队；各班要有按不同身体素质组成的体育锻炼小组。

(2)建立体育卫生工作制度。

①学生学习生活制度。按中小学生年龄特征，控制每天上课节数和每天学习时间，特别要严格控制各种考试和课外作业总量；合理安排每天作息时间表，明确规定学生到校和离校的时间，班主任与科任教师不得要求学生提前到校；保证学生的睡眠、饮食、娱乐和锻炼身体的时间；要控制学生干部的社会工作时间，经常注意他们的负担情况；保证上好间操和眼保健操，每天应使学生有一小时的体育活动时间。

②体育竞赛制度。全校田径运动会，一年一次为宜。按照春夏秋冬四季的特点，可有计划地组织全校单项比赛，如越野赛跑、跳绳比

赛、踢毽子比赛、拔河比赛等。平时也可组织年级的球类比赛。竞赛活动要坚持群众性、经常性，并注意做好思想教育工作。

③卫生保健制度。新生入学要进行体检，并建立学生健康档案，以后每年对学生进行一次身体检查，并进行对比分析；进行卫生知识教育和疾病预防工作；学校环境和室内一切公共区的清扫任务，要落实到班级，并经常监督、检查和评比。

(3)加强体育卫生人员队伍建设。

学校体育卫生工作质量是由学校体育卫生人员队伍的素质与能力所决定的。因此，加强体育卫生人员队伍的建设，是学校体育卫生管理工作的重要内容。

①体育教师的年龄结构、专业结构以及男女比例要合理。即老中青相结合；既要有擅长田赛项目，也有擅长径赛项目，或是擅长体操、球类；中学体育课以男女分组上课为好，男女体育教师各半为宜。

②应选择业务理论基础较好，有一定诊断内外科疾病的经验，热爱学生又有一定组织能力的同志担任校医。

③加强体育卫生人员的思想教育工作，注意调动他们工作的主动性与积极性。

④按照国家有关规定和学校体育卫生人员的职责及工作质量标准，定期进行考核与评定，促进他们不断提高工作质量。

2. 课外体育活动管理

课外体育活动是学校体育工作的重要组成部分，是学生经常参加体育锻炼的主要形式。它对于增强学生的体质、提高体育运动技能与技巧、培养体育活动的兴趣与发展体育特长，养成自觉锻炼身体的习惯，乃至促进学生身心的健康发展，都是有着重要作用的。因此，有的学校领导亲自参加学生的课外体育活动，十分重视对体育课外活动的管理。

学校体育课外活动中，主要要抓好以下几种管理：

(1)间操管理。

间操是全体学生每天都要参加的体育锻炼形式。它一般是在上午第二节下课后进行。时间20分钟。间操内容以广播操为主，也可做脊柱弯曲防治操、跳集体舞、做游戏等。在北方的中小学，冬季可利用间操时间组织学生慢跑。

间操的目的是要起调节作用，使大脑得到休息，消除疲劳，提高学习效率。因此，间操的活动量不宜过大。

学校领导和全校教师都应按时参加间操，这不仅能锻炼身体，还会密切师生关系。体育教师要认真组织间操活动，向学生提出具体明确的要求，并经常检查各班出席情况与做操质量，定期进行评比，使间操达到增强学生的组织纪律性和集体荣誉感的目的。

(2) 体育课外活动管理。

体育课外活动的内容，应根据《国家体育锻炼标准》规定的项目和体育课的教学内容，由体育教师提出计划，经体育组统一安排。每次体育课外活动，要明确活动内容、活动场地、指导教师，保证及时供应体育器材。

班主任应随学生参加活动，并协助体育教师做好体育活动的组织与指导工作。

开展体育课外活动时，要特别注意进行安全教育，并采取有效的保护措施。

(3) 单项体育竞赛活动管理。

单项体育竞赛活动，便于组织、又适合青少年的特点，是中小学学生喜爱的一种体育活动形式。通过单项体育竞赛活动，不仅能推动群众性体育活动的经常开展、有利于发挥学生的运动特长，而且会促进同学间的团结友爱，培养学生的集体主义精神。开学初，体育教研组要制订出全校性与各年级的单项比赛计划，做到活动安排合理、次数适当。这些单项竞赛活动，一般有全校性的越野赛跑、跳绳比赛等，而应以年级性比赛为主，如：全年级的拔河比赛、踢毽子比赛、各项球类比赛等。因为同年级各班体育活动时间一致，易于组织活动，又由于班额少，一次体育活动常常就能赛出结果。

(4) 学校田径运动会管理。

学校田径运动会是学校体育竞赛的一种重要形式。由于它包括的项目多、规模大，需要在会前做好充分的思想发动工作和组织工作，是属于全校性的重大活动，一般每年安排一次为宜。比如：可在春季召开全校田径运动会；秋季召开新生田径运动会。学校田径运动会可以全面检阅学校贯彻党的教育方针的成果，检查学生的精神面貌、体质情况和运动水平，推动群众性体育活动的开展，促进体育运动技术水平的提高，也可以活跃学校生活，振奋师生的精神，培养学生的组织纪律性和集体主义精神。因此，开好学校田径运动会是学校教育生活中的一件大事，必须做好以下几项工作：①搞好宣传鼓动工作。学校可利用黑板报、广播等形式，对运动会进行广泛宣传，使全校学生明确召开运动会的目的，积极参加各项准备工作，使准备运动会的过程成为推动群众性体育活动的过程。②做好各项准备工作。体育教研组要编好竞赛程序，训练裁判及大会工作人员，组织旗队和花束队伍练习，要平整好场地、检查器材、布置主席台。各班要组成代表队，组织参加入场仪式队伍的训练，注意做好学生思想教育工作，调动每个学生的积极性。③做好运动会的各项组织工作。大会可设立主席团，下设竞赛组、纪律检查组、宣传报道组等，各司其职，保证运动会开得既热烈、活泼而又井然有序，使学生能受到多方面的教育。④做好总结工作。运动会结束要开好闭幕式，表彰优秀运动员和体育先进班级、奖励破校纪录的运动员和荣获团体分第一名的班级(以年级为单位)。

(5)学校田径代表队的建设与管理。

学校田径代表队由学校各年级的优秀运动员组成，其人数由学校实际条件而定。抓好学校田径代表队的训练，不仅能发展学生的特长，提高运动水平，也能促进与带动群众性体育活动的开展。因此，学校领导要亲自抓好田径代表队的建设与管理：①加强对运动员的思想教育，防止产生骄傲情绪和单纯技术观点，并注意养成良好的体育道德品质。②合理安排训练时间。要坚持长年训练，每周二次为宜。③要关心运动员的学习，要求他们坚持德智体全面发展的方向，在学习上对他们给予一些具体帮助。④体育指导教师，要与班主任保持经常联系，并认真做好家长工作。

3. 卫生知识教育

卫生知识教育是学校保健工作的一项重要内容，是学校卫生工作的重要组成部分。它的目的是要向学生进行卫生基本知识教育,提高学生对讲究卫生的认识,帮助学生养成良好的卫生习惯。

卫生知识教育应包括下列内容:

①人体生理解剖知识和卫生保健常识。对女中学生还应单独进行青春期的生理卫生知识教育。

②预防近视、龋齿等疾病的知识,以及预防季节性传染病的知识教育。

③卫生习惯知识。包括教学卫生、体育卫生、劳动卫生、饮食卫生与生活卫生等方面的知识。

进行卫生知识教育的主要形式有:

①生理卫生课是向学生进行卫生知识教育的主要形式,学校应重视这门课,帮助教师提高这门课的教学质量。

②有计划地安排校医、生理卫生教师或请医生给学生举行生理卫生知识专题讲座。如:怎样保护眼睛?怎样讲究饮食卫生?怎样预防流行性感冒等。

③利用图片、展览、板报、广播等形式进行生理卫生知识教育,也容易收到较好的效果。

卫生知识教育应纳入学校工作计划,由校医负责安排落实。

4. 保健室管理

保健室的主要任务是负责学校的卫生保健工作。室内应有简单的医疗保健设备。如药柜、药箱、必要的医疗器械、检查床等。保健室设一名校医,各班设卫生员,由校医进行培训并协助校医开展某些保健工作。

校医的主要职责是协助学校领导,做好以下工作:

(1)对学生进行卫生知识教育。

有计划地进行专题卫生知识讲座;流行病季节,要做好宣传教育,并采取积极的预防措施,要设法控制学生中一些常见病和多发病,如:近视、龋齿、脊椎侧弯、神经衰弱等。

(2)定期对学生进行体检。

考虑学校保健室的设备条件,可重点检查:身高、体重、胸围、握力、脉搏与肺活量等,并对检查结果进行分析提出改进卫生保健工作的措施。

(3)认真进行卫生监督。

教学工作卫生监督:校医要深入学生和课堂,了解学生的作业负担和阅读书写的姿势与习惯;检查教室的灯光;对教师板书字迹潦草、过小,或用色不当,也要提出改进意见。

饮食卫生监督:校医要经常深入食堂,指导食堂安排好食谱与菜谱,保证学生发育所需的营养;对炊事人员进行卫生知识教育,搞好炊具、操作、环境及个人卫生;督促炊事人员定期体检,有传染病的人不能在食堂工作。

体育卫生监督:校医要经常听体育课和深入学生的体育课外活动,了解体育课学生活动的密度与活动总量;控制女生月经期间的剧烈活动,更不能参加激烈的体育比赛;指导有病的学生的适量体育活动等。

(4)指导、检查与督促学生做好眼保健操。这是校医一项重要的日常工作。要对学生进行用眼卫生教育,预防近视。

卫生保健工作质量关系到学生身体的正常发育与健康成长,学校领导一定要重视保健室的建设,保证所需的必要经费与设备,挑选合格的校医,并注意对校医的培养和开展保健工作的具体指导。

第四节 总务管理

学校总务管理是为了保证和不断改善教学、学习和生活条件;对学校的人力、物力与财力所实施的管理工作。它是学校管理工作的重要组成部分。学校总务管理工作的主要内容有:总务人员的队伍建设、财务管理、财产管理、校舍和教学设备管理,以及教职工生活管理等。一个学校的总务管理水平低,不仅会给教学工作带来某些具体困难,也会影响到教职工的工作积极性,因此,学校领导要重视总务管理工作,不断提高管理水平。同时,在总务管理工作中,要遵循以下原则:

①为教学服务的原则。教学是中小学的中心工作,总务管理工作要为提高教学质量服务。②勤俭节约的原则。通过调动总务人员工作积极性,改善管理,合理使用人力、物力与财力,充分挖掘潜力,使有限的人力、物力与财力,发挥出最大的作用。③教育性原则。学校是培养人、教育人的场所。学生的成长是全校教职工(当然包括总务人员)共同教育的结果。因此,总务人员也必须以身作则,用自己的言行与优良品德,给予学生积极的影响。④物质奖励与思想工作相结合的原则。要设法不断改善教职工的生活与工作条件,对优秀教师、模范班主任、先进职工,可以给予一定物质奖励,但必须与思想工作相结合,要突出思想教育为主、物质奖励为辅的精神。

1. 总务人员的队伍建设与管理

(1)建立一支精明能干的总务人员队伍。

总务人员的编制应由学校规模大小确定。中等规模的学校,总务处下设财会组(包括会计、出纳)、事务组(包括总务干事、保管员、食堂管理员、采买员、电工)等。

总务主任应选配事业心强、热心为教职员工服务、工作踏实肯干、任劳任怨、廉洁奉公、有一定组织领导能力而又懂得教学的人来担任。总务人员要少而精、一专多能。总务人员编制必须严加控制,切不可以为人多好办事。事实上,总务人员过多,就会忙于自身生活福利和处理总务人员的工作问题与人际间的关系,浪费很多时间,而影响发挥总务部门的职能。对总务人员既要有明确的分工,又要密切合作,服从调动。为了减少总务人员编制,总务人员应一身兼多职,在工作中发挥更大的作用。

(2)加强总务人员的思想教育工作。

总务工作中事情多而杂,容易出现大家整天忙忙碌碌,而忽视思想教育工作的倾向。总务工作是面向全校教职员工的,直接影响学校管理总体目标的实现。总务人员的思想觉悟、工作态度,不仅会影响总务工作质量,对学校的教学工作、学生思想政治教育工作,都会带来深刻的影响。因此,总务主任要在主管校长领导下,除了加强日常思想教育工作外,要定期分析研究总务人员的工作情况与思想情况,及时进行总结、表扬与批评。

对总务人员的思想教育工作,应包括:

①热爱本职工作。使总务人员真正明白自己的工作在办好学校中的作用,从而在工作中兢兢业业、踏实肯干、任劳任怨,并积极钻研业务,不断提高工作质量和办事效率。

②树立为教学服务、为师生员工服务的思想。使总务人员真正明白:这是学校总务工作的性质所决定的。教学工作是学校的中心工作,没有教学工作,就不会有学校的总务工作。要教育总务人员主动了解教学的需要,积极掌握教职员工工作、生活中的困难,从而有效地利用学校现有的人力、物力与财力,尽量优先满足教学需要,积极改善教职员工的学习、工作与生活条件,使大家能心情舒畅地工作与学习。

③做到以身作则。中小学生正处在成长时期,他们积极向上、模仿性强、自尊心强。这不仅要求教师成为学生的榜样,也要求总务人员包括工人,都要以身作则,热爱学生、关心学生、尊重学生,并通过自己的言行给予学生良好的影响。

(3)实行岗位责任制。

总务部门实行岗位责任制,是调动总务人员工作主动性、积极性与创造性,提高办事效率和总务工作质量的有效措施。为了更好地实行岗位责任制,要注意以下几点:

①充分发动群众,采取领导与群众相结合的办法,制定各岗位的工作细则,明确工作职责、工作具体内容、工作应达到的质量标准。比如电工要随时掌握各班教室照明情况,保证电灯好使。如电灯坏了,要及时修理。

②健全检查、评比与奖励制度。按各岗位工作细则提出的工作内容与质量标准,定期进行检查,采取自我检查与相互检查、领导检查相结合的办法进行,检查要有记录;在平时检查与定期检查的基础上,学期末可进行评比,学年末进行总评。评比前要广泛征求教职员与学生的意见。经过评比,对先进组、先进个人要给予奖励;对工作不负责任的,要进行批评教育;对于因失职造成国家财产重大损失或其他重大事故的,要酌情给予适当惩罚。

③把实行岗位责任制与加强思想工作结合起来，充分调动总务人员的积极性，不断开创总务工作的新局面。

2. 财务管理

学校有限资金的合理使用是关系到提高教学质量和学校建设与发展方向的重大问题。因此，学校财务管理是学校管理的重要内容，必须认真抓好。学校财务管理要贯彻勤俭节约的原则、为教学服务的原则、讲究经济效益的原则和实行民主管理的原则。为了实现有效地财务管理，必须做好下列几项工作：

(1)搞好经费的预算与决算。

编制经费的预算：经费预算的编制一般在年初进行，由总务主任负责、会同会计人员，在参考上年经费决算与了解本年各部门经费使用计划的基础上，提出经费分配的原则和具体预算方案，再交校务委员会讨论，最后由校长审定。

编制经费预算的原则，应该是统筹兼顾，保证重点，照顾一般，讲求经费效益。学校有限的经费应首先满足教学的需要。如添置教学设备（包括学生用的教室与阅览室需要的桌椅）；购买必需的理化仪器、文体活动器材以及图书资料等。

经费预算的执行：总务主任要指导会计根据学校总的工作计划安排，逐季逐月提出用款计划，交校长审批后，由总务主任负责学校一切经费开支，具体组织经费预算的执行。遇有临时重大用款或经费使用计划的变动，总务主任要向校长请示，不得自行决定，以便使校长掌握预算执行情况，并进行检查与监督。

学校经费的决算：经费决算是财务管理的一项重要工作。学校领导要亲自在年末抓好经费决算工作。通过对财会人员提出的各项经费的决算数字的分析研究，找出规律性的问题，改进下学年度的财务管理工作。

(2)健全各项财务管理制度。

财务工作是一项复杂细致的工作，政策性又很强。因此，学校领导除了对财会人员进行财经纪律教育之外，还要从学校的实际情况出发，制定各项财务管理工作制度。比如，使用经费的审批制度；专款专用制度；物品采购与验收制度；经费报销制度等。坚持按照财务管理制度办事，是有效地进行财务管理的一项重要措施。

（3）实行财务工作的民主管理。

财务工作涉及到学校各个部门、方方面面，实质上是一项群众性的工作。对财务工作实行民主管理是广大群众的要求，它能调动教职工理财的积极性，保证学校有限的财力得到最佳使用。同时，实行财务工作的民主管理，能对财务工作起到监督的作用。

学校经费预算方案确定后，应向全校教职工工作报告，使大家心中有数；某些教学或学生活动经费，可以分别拨给教务处、政教处、团委等部门，由这些部门的负责人控制使用，这样能调动各部门的积极性，也能提高经费使用效率。

实行财务工作民主管理，财会人员要定期向教职员工公布收支账目，说明经费预算执行情况；同时，要积极主动地征求教职工的意见，不断提高财务工作管理水平。

3. 财产设备管理

做好财产设备管理工作，是学校总务人员的重要职责，是办好学校的重要物质保证。

学校财产设备应包括：教学设备（仪器、标本、模型、图表、体育器材、文娱用品、教室与实验室的桌椅、黑板及其他设备等）；图书室的设备及图书资料；各部门办公室设备；学校基建维修材料及其他物品（包括低值易耗物品：文具纸张、化学药品及办公与生活用品等）；学校食堂与宿舍设备；工厂与农场的各种设备；等等。为了管好、用好学校财产设备，必须注意抓好以下几项工作：

（1）实行财产设备保管责任制。

学校财产设备要建立分类总账，由总务处统一管理、保管员具体负责。实验室、图书室、体育组、音美组、工厂、农场等单位，要依据学校财产设备分类总账，建立该单位的财产设备分户账，并指定专人负责保管。对保管人员要落实责任制，严格履行财产设备的借用手续和各项管理规章制度（包括使用制度、维修制度、丢失与损坏的报告制度、赔偿制度、外借制度等）。财产设备保管人员应相对稳定，如遇工作变动，要认真进行交接工作，弄清责任。学校财产设备，每年末全面清点一次，要求件件"帐""物"相符，并在清查的基础上，认真进行分析研究，总结经验教训，写出清查报告。

搞好教室内设备（包括课桌椅、黑板、灯具、门窗、玻璃等）的管理，不仅能提高设备的使用效率、节省学校经费开支，也会使学生受到关心集体、爱护公共财物的教育。教室内设备保管由班主任进行组织指导，班级生活委员具体负责，并把桌椅、黑板、灯具、门窗、玻璃的管理责任落实到每个学生。生活委员协助班主任经常进行检查，并认真做好宣传教育工作。学期末由总务处负责组织全校性的教室设备的检查与评比，对保管工作取得显著成绩的先进班级与生活委员，给予奖励与表扬；对设备损坏严重的，要进行批评教育，并查清原因，追究赔偿责任。

(2) 对设备经常检查维修，提高设备使用效率。

学校设备特别是教学设备，它是提高教学质量、办好学校的重要物质基础，财产设备保管人员要经常对其进行检查和维修，从而延长财产设备的使用时间，这实际上是提高了教育经费的效益，让学校有限的经费能用在更加急需的地方。可以说，坚持对财产设备经常检查维修是总务管理工作中厉行节约的重要措施。比如对学生的课桌椅，如果能经常检查，发现损坏及时修理，而且在假期组织木工对全校学生的课桌椅，能进行全面检查，彻底维修，这样，就会延长课桌椅使用期限，从而节省大批添置新课桌椅的经费。同时，注意经常检查维修设备，还能保证师生的人身安全，防止意外事故的发生。尤其是对体育器材、电气设备和有毒、易燃、易爆的化学药品，更要有专人负责，按时认真检查，防止发生伤害事故。

此外，还要注意发挥设备的作用，不断提高使用效率，更好地满足教学工作需要和为提高教学质量服务。比如：创造条件开放理化生实验室，让更多的学生有更多的时间去操作实验仪器，提高实验能力；改善图书的借阅办法，加快图书的流通速度，这就相当于增加了学校的图书册数。

(3) 加强思想教育工作。

学校的财产设备是全校师生经常接触的公共财物，教育师生爱护学校财产设备，不仅是搞好财产设备管理的重要保证，也是对师生进行思想教育的一项重要内容。特别是要加强对学生的爱护公共财物的教育，把搞好财产设备管理工作同培养德育、智育、体育、美育、生产劳动技术教育全面发展的一代新人结合起来，在学校形成一种爱护公物为荣、损害公物可耻的好风尚。同时，学校领导要引导师生把爱护公共财物的好思想见诸行动。比如：发动师生自己动手、自力更生、修旧利废，为延长财产设备的使用寿命和提高各种教学设备的使用效率，积极做出自己的贡献。

4. 教职员工生活福利工作管理

教职员工生活福利工作管理是学校总务管理中的一项重要内容。搞好教职员工生活福利工作，不仅能帮助教职员工改善生活福利与工作、学习条件，解除后顾之忧，而且能很好地调动教职员工的积极性，使他们能集中精力去工作和学习。如果把做好生活福利工作同加强思想政治教育工作结合起来，就会取得更好的效果。

教职员工的生活福利管理工作，要充分发挥学校的一切潜力，要与学校工会密切配合，共同做好以下几项具体工作：

①加强伙食管理，认真办好食堂，不断提高服务质量。有住宿生的学校，不仅使住宿生伙食能达到既经济又富有营养的标准，还能使更多的师生午间在学校食堂用餐。

②兴办集体福利事业，如办好托儿所幼儿班，或开辟子女临时学习室等等。

③主动了解教职工的生活困难，合理使用福利经费，积极帮助教职工解决家庭经济困难。

第五节　教育评价

1. 教育评价的思想、发展与过程

教育评价是以教育的全部领域或学生为对象，运用所有可行的评价技术与手段，对其预期的目标达到程度所进行的评价。它是教育管理活动中的一项重要工作。无论是教育行政部门对所属学校的看法，还是社会对各学校的评议，或是学校教育与管理过程的各项工作，从计划、实施、检查到总结各个阶段，都包含着评价工作。

教育评价的基本思想是：所谓教育，就是使人的行为方式变化和改进的过程；这些形形色色的行为方式的变化，就是教育目标；评价教育过程，就是看这些教育目标实际上达到了什么程度；因为人的行为是复杂的，所以评价要从各个侧面进行，不仅要有分析，而且要有综合；评价的方法仅用纸和笔的测验是不够的，还须包括行为观察等多种多样的手段。这种教育思想，先是被美国采用，后又传遍西欧各国。第二次世界大战后，世界各国为繁荣经济，开发智力资源，普遍注意人才的培养。因而积极推行教育评价法，使教育评价发展成"评价运动"。

在第二次世界大战以后，世界范围的教育评价发展很快，可以说，教育评价的发展经历了由不断追求客观性到逐步向追求教育性发展的过程。这一过程迄今共经历了四个阶段：

(1) 从测定到评价。

19世纪末由于实验心理学、个性差异的研究和智力测验的出现，心理测验原理与方法应用于教育，于是就出现了教育测验。在20世纪40年代以前，心理测验和教育测验都追求客观性。因此，所有难以客观地、数量化地加以描述的事物，都被排除在测量对象之外。这样，测定所抓住的只是教育上零星片断的现象，完全忽视了教育对象的全面的人格发展。

教育评价的思想和方法正是弥补了教育测验之不足，主张全面考查教育与学习的各个方面。后来形成的教育评价运动，主要强调不仅要评价知识的掌握情况，还要评价应用、分析、综合等高层次的认知能力，以及评价兴趣、关心、价值观、态度等情意特性。

(2) 建立教育目标体系。

1948年美国心理学大会，提出了一项重要任务，就是对组成教育目标的人的能力和特性进行科学分类。因为只有在科学的和统一的教育目标分类学的基础上，各个进行测定和评价工作的研究者，才能有共同的语言，才能深入地开展研究。

教育目标的第一级分类是认知领域、情意领域、精神运动领域。认知领域的教育目标，由与知识的掌握、理解和认知能力的发展有关的各种目标组成，该体系由布卢姆等人于1956年完成。情意领域的教育目标，由与兴趣、态度、价值观的形成和正确的判断能力、适应能力的发展有关的各种目标组成，该体系由克雷斯沃尔等于人1964年完成。精神运动领域的目标，由与手的技巧及其他运动技能有关的各种目标组成，这套体系至今尚未完成。

建立教育目标分类学本身就包含了客观性和教育性这两方面的追求。分类研究可分两方面：一方面是教育学上的，即对课程和教育目标的研究；另一方面是心理学上的，即对能力、价值观和技能的掌握和学习、内化过程等课题的研究。这两方面的研究成果，以教育上的有效性、逻辑性和心理依据为准则，进行综合、整理，以行为目标的形式设定出最具体的目标，然后按照发展顺序，构成有层次体系。

布卢姆等人建立的教育目标分类学，已成为现代教育测定和评价的重要基石，已被很多国家的教育家采用。

（3）从"心理测定性"的评价到"教育测定性"的评价。

这个转折的标志，就是提倡绝对目标标准的测定和评价。相对目标标准的测定和评价，以客观性为首要的追求目标，对于个人学力，往往不是就其本人的实际水平来测定或评价，而是用该人与他人的相对位置来表示。这种以正态分布为依据的测定和评价，的确有其客观性强的优点，但也有缺乏教育性的问题。

从40年代的评价运动开始，人们就在追求评价的教育性，但只有在教育目标分类学建立起来之后，这种追求才有了实现的可能。

格拉泽在1963年发表的文章中指出相对目标标准的不足，提出在今后的学校教育中，应该着重于绝对目标标准的主张。这个主张立刻受到欢迎。这方面的理论研究和实践研究，很快在世界各国蓬勃地开展起来。

相对目标标准评价和绝对目标标准评价的性质区别，正如有人指出的,前者是表现在正态分布中的、一贯而稳定的、个人和个人之间的差异,所以它在原则上属于"心理测定性的";而后者以到达目标的形式,设定所期待的、通过教育活动来实现的学力内容,并且就每个人来测定这些目标是否达到。换言之,它关心的是个人内部的发展,所以它属于"教育测定性"。

(4) 从总结性评价到形成性评价。

斯克里芬于1967年,在论述教育课程计划的发展时,曾提出有两种类型的评价:一种是总结性评价,即在教学完成之后,对教学成果进行的评价。从这个意义上说,以往的教育评价都是总结性评价。另一种叫形成性评价,它是建立在人们对于评价的反馈机能和在教育决定上的重要意义的认识上的。它在教学过程中进行,目的是形成适合于教育对象的教学。形成性评价由斯克里芬提出,经布卢姆运用于教学活动中,经过丰富、发展,目前已成为教育评价的重要内容。

以上四个阶段就是世界范围的教育评价运动发展的过程。总的发展趋势是从相对评价向到达度评价、从总结性评价向形成性评价转变。

2. 教育评价的类型、原则与过程

随着科学技术、教育事业与教育理论的发展,教育评价的研究也有很大发展,它已成为当前世界上教育科研的三大领域之一。一般认为教育科研的三大领域是:教育基础理论研究、教育发展研究、教育评价研究。

什么是教育评价?依评价的对象,一般区分为广义的教育评价和狭义的教育评价。广义的教育评价以教育的全部领域为对象,它涉及教育与社会、政治、经济、科技等方面的关系。教育内部则为:教育体制、学校领导体制、教育目标、课程设置、教育内容、教育方法、教育管理、教育工作与教学工作等,都属于广义教育评价的范畴。而通常所说的教育评价,一般是指狭义的教育评价,即以学生为对象,围绕学生的学习与生活领域,对学生的德育、智育、体育、美育的全面发展成长,给予价值上的判断。

教育评价可从不同的角度进行分类。比如:按照评价的对象可分为:广义的教育评价与狭义的教育评价;按照评价标准可分为:相对评价与绝对评价；按评价性质可分为：诊断性评价、形成性评价与总结性评价，以及包括它们的到达度评价；按照评价者可分为：自我评价、同行评价与领导评价；还有"心理测定性"评价、"教育测定性"评价；等等。

教育评价在办好各类各级学校、提高教育质量过程中，起着重要的作用。它可以调动学校领导、教师、学生和家长等各方面的积极性；通过评价获得反馈信息对系统进行调节与控制，能使学校系统保持良好的动态平衡；教育评价有利于实现学校的教育目标。为了保证实现教育评价的目的和使它起到良好的作用，在实施教育评价的过程中，必须注意遵循以下的评价原则：

①客观性原则。它要求评价时，必须采取客观的实事求是的态度，不能主观臆断或掺杂个人感情。教育评价是根据教育目标对所实施的各种教育活动效果及学生学习质量和发展水平的科学判定。评价需要根据由教育目标而确定的评价标准来进行。标准一旦确定，任何人都不能随意改动。在实施评价的过程中，随意确定标准或是随意改动标准的做法都是错误的。尤其是对青少年学生的评价，如果不是客观的，就会挫伤他们的积极性。

②一致性原则。它是指进行教育评价时，必须用一致的标准。中小学教育是基础教育，它的具体任务是要把学生培养成为德育、智育、体育、美育全面发展的有理想、有道德、有文化、有纪律的一代新人，这就是评价每所中小学教育质量的一致标准。国家颁布的教学计划、教学大纲、教学要求，则是评价教师的教学工作质量和评价学生的学习质量的一致标准。只有遵循一致性原则，才能区分评价对象的好坏优劣。当然，强调一致性原则，必须承认学校间、教师间与学生之间的差别，并做到对相同类型的对象，坚持用统一的标准。

③全面性原则。它是指在确定或运用评价标准时要全面；评价过程中，要听取各方面的意见。因为教育工作的任何一项成果，都是由多种因素促成的。确立评价标准时，必须包含各方面的因素，比如单纯用升学率的高低为标准来评价学校优劣，就是错误的。当然，强调教育评价的全面性，并不是要求对构成评价标准的各方面因素等量齐

观。恰恰相反，它要求评价学校、教师和学生时，既要看到主要方面，也要看到次要方面，并且一定要分清主次。

④单项评价与综合评价相结合的原则。单项评价是指对评价对象从某个侧面进行的评价。综合评价是指对评价对象进行完整的、系统的评价。这个原则是由学校教育活动的多层次性和复杂性所决定的。在复杂的教育活动中的各层次的活动，都具有一定的相对独立性，这便于进行单项评价；而他们又是密切联系和相互作用的有机整体，因此，在对各层次中的教育活动的单项评价的基础上，必须对教育活动的有效性进行综合评价。当然，综合评价并不是单项评价结果的简单相加，它是单项评价的发展，而单项评价只是进行综合评价的基础或手段。

⑤评价与指导相统一的原则。这是由评价活动的目的所决定的。比如在教育活动进行过程中所实施的形成性评价，是为了获得反馈信息对教育活动进行调节和控制；在教育活动活结束后进行的总结性评价，是要明确今后的方向和改进措施，这都需要进行指导。只有评价，没有指导，评价工作就会失去意义；没有评价的随意指导，就会带有很大的盲目性。只有把评价与指导很好地结合起来，达到两者的和谐统一，才能使评价发挥积极的作用。

无论是广义的教育评价，还是狭义的教育评价，其评价过程大体上可分为下列几个步骤：

①信息的输入：教育评价必然开始于观察、测试、累加记录、问卷、面谈、个案调查等办法，获得教育过程的各种信息。在教育实验中，还必须注意实验组与控制组的各种不同条件，以及在不同条件下的各种信息。

②信息的处理：取得教育过程的各种信息后，通常要进行统计技术的处理。如有两列变量，就要计算两列变量有无相关，相关强弱，以及各种因素分析等。

③原因的分析：对各种信息进行统计技术的处理后，还要运用各学科的研究成果进行原因分析。例如从统计学上求出两列变量存在着相关，但相关不等于因果关系，这就需要从心理学、社会学等学科的

角度寻求其是否存在着因果关系,又是什么样的因果关系等。

④确认、报告、传送、决定:教育评价的最终目的是为教育改革提供科学依据。因此,最后的步骤就必须是经过检验、确认,写出书面报告,提供给有关部门,作为决策的科学依据。

3. 关于学校的评价

学校评价是学校管理学研究的一个重大的实际课题和理论课题。现代学校管理特点之一,就是重视和运用教育评价的理论和方法,对学校教育进行科学的、客观的评价。

(1)学校评价的意义。

①学校评价是教育评价的重要组成部分。教育评价是利用现代可行的评价技术手段评价教育宗旨所要求的一切教育效果。而学校评价,是运用教育评价的理论和方法对学校教育成绩和成果进行评价。学校评价是教育评价的重要组成部分。学校评价是为了获得改进学校教育、教学与管理等项工作的依据;可以充分发挥先进学校的榜样作用;也有利于接受社会对学校教育的帮助。

②学校评价是学校管理学理论体系中的一个重大课题。目前,我国学校管理学研究的深入发展要求对其各项内容的管理效果进行客观的评价,以区分优劣,尽快结束学校管理良莠难分的局面。学校评价的科学研究,是学校教育发展的客观需要,早已成为学校管理理论研究和实践应用的重大课题,并必将越来越表现出它强大的生命力及其理论和实践的科学价值。

③学校评价是全面贯彻党的教育方针的需要。我国许多先进学校的办学经验之一,就是他们注意运用和实践学校评价的理论和方法,对全校教职工的全部教育过程和教学环节的教育效果及时总结,进行评价,推动和改进了学校工作,全面贯彻了党的教育方针,取得了优异的成绩。

④学校评价是学校管理改革的重要方面。学校管理的改革是多方面的,内容极其丰富,而学校评价是学校管理改革的重要方面。目前我国学校教育质量较低的一个不可忽视的原因,就是缺乏学校评价的理论与方法。为了改变学校的落后面貌,学校管理要进行改革,同时,

要加强学校评价理论的研究的积极开展学校评价的实践,以增强学校管理的科学性。

同时,还要看到学校评价是校长和教师应有的教育理论素养,可以促进学校为社会主义建设服务和从社会吸收营养,从而更好地提高学校的教育质量。

(2)学校评价的范围。

①学校办学思想的评价。学校教育的办学思想是学校一切工作的出发点和落脚点,它关系到学校教育的各个方面,如教育形式和内容,教育措施和效果。中小学教育要打好建设"两个文明"的基础,要全面贯彻党的教育方针,纠正片面追求升学率的倾向;要根据中小学教育的特点和学校的实际,积极进行改革,等等。要围绕这些根本性问题,来评价学校的办学指导思想。

②学校领导管理质量的评价。学校领导管理效率和管理水平的高低,是提高学校教育质量的关键。因此,它是学校评价的重要内容。评价时可围绕以下几点:学校领导的教育理论与管理理论水平;教学经验与管理经验;实际管理才能与管理效果;思想修养与政策理论水平;智力结构与专业结构;工作态度与创造才能;深入实际解决问题的能力;等等。

③教师教学质量的评价。教师教学质量的评价,是学校教学工作头等重要的大事,也是学校管理工作的核心内容。新教学质量观,主张教学质量不应该仅仅关注于传授知识和吸收知识的程度,而应该把培养创造能力放在关键位置。一个学有专长、经验丰富的教师,不应该只给学生材料和知识,而应给学生以该学科的最新观点和鉴别能力。在校生最基本的能力是获得知识的能力和运用知识的能力,毕业生毕业后的最基本能力是能运用各种知识解决实际问题的能力。科学地、全面地对教师的教学质量进行评价,及时掌握教学效果的信息反馈,是不断提高教学水平和调动教师积极性与创造性的重要环节。因此,学校领导要特别重视教学质量的评价。

此外,学校评价还应包括:教职员工作质量评价;学生全面质量的评价;思想政治教育管理的评价;体育卫生教育管理的评价;教育与生产劳动相结合的管理评价；学校教育改革和实验的评价；校舍和设备管理的评价，以及学校与家庭社会联系的评价。

(3)学校评价的标准。

学校评价范围内的项目很多，有评价学校整体标准，有评价学校某个局部的标准，有教学工作及其他工作的评价标准，教学中又有各学科的评价标准，等等。下面仅列出校长的评价标准。

校长管理质量评价标准：

①对校长贯彻党的方针政策和教育方针、政治理论修养与政策水平的评价；

②对校长实际辅导和切实管理教职工、教学、教育、体育等工作质量的评价；

③对校长的教育理论知识，管理理论知识和辅导教师教学方法能力和效率的评价；

④对校长指导班主任管好班级，培养学生学习能力、思想品德，加强体育锻炼，养成自学、自治和自立能力的评价；

⑤对校长运筹、团结和管理全校人力、物力、财力的组织能力、决策能力、协调能力和指挥能力的评价；

⑥对校长道德品质、精神境界、事业心、责任感和群众威望的评价；

⑦对校长解放思想、实事求是、工作的创见性、预见性、战略性和果断性的评价；

⑧对校长实干精神，讲求实效，深入实际联系群众的工作作风的评价；

⑨对校长学习钻研，积极进取，管理改革，开展科研或实验的评价；

⑩对校长关心教职工生活、家庭和身心健康所做工作的评价；

⑪对校长组织全校教职工与家庭、社会联系效果的评价；

⑫对校长在学校教育工作中克服所遇到的各种困难和阻力的精神和成果的评价。

(4)学校评价的方法。

①观察法。

②总结法。

③抽样法。此法适用于单项评价。它运用灵活，获得资料又快又新，缺点是说服力有限，多用于教学评价方面。

④测验法（也叫测量法）。在有计划、有目的测验的基础上，对所得资料进行分析、判断与评价。只测量量还不算评价，必须对测量的事实进行分析，评价事实的价值才是评价。

⑤跟踪法。

⑥记录法。

⑦调查法。

⑧量标法。通过数量统计和分析，客观衡量各种工作量、学习量等的量标，较为科学地说明数量与质量的关系，说明所要达到的目标。国内许多学者已开始制订和使用量标法以进行科学的评价。